ヘーゲルと現代社会

寄川条路 編著

晃洋書房

まえがき

本書は、『ヘーゲルと現代思想』（晃洋書房、二〇一七年）の続編であり姉妹編である。前著『ヘーゲルと現代思想』をヘーゲル哲学の理論編とすると、新著『ヘーゲルと現代社会』はヘーゲル哲学の実践編となる。どちらも、ヘーゲル研究の必読書である寄川条路編『ヘーゲル講義録入門』（法政大学出版局、二〇一六年）と、そのもとになったオットー・ペゲラー編『ヘーゲル講義録研究』（法政大学出版局、二〇一五年）を踏まえて、日本の読者に、新進気鋭のヘーゲル研究者が最新の研究成果を披露するものである。

まずは、「ヘーゲルと現代社会」についての概観を序章として、つづいて、ヘーゲル哲学がなおも影響を与え続けている現代の社会を、テーマ別に考察していく。本書の目次を見ると、第1章の「アイデンティティと共同性――テイラーの共同体主義」から始まって、第2章「変革的主体の形成――ルカーチの物象化論」、第3章「哲学は宗教を克服するのか――現代哲学の脱宗教化」、第4章「女性の欲望と共同体――バトラーのアンティゴネー論」、第5章「世界の不在と絶対者の現在――ガブリエルの新実在論」を経て、終章「語りうるものとしての生命――現代の生命論」へいたるように、各章がテーマ別に並んでいるのがわかる。したがって、本書を一読するだけで、ヘーゲル哲学が影響を与えている現代社会のあらゆる側面を、一通り見渡すことができるようになっている。

加えて、ここから、ヘーゲル哲学が家族・市民社会・国家という近代的な枠組みを超えて、現代社会においてこれからどのような影響を与えていくのかも見えてくる。ヘーゲル哲学を肯定的に受け入れるにしても、あるいは否定的に、それに反発していくにしても、現代社会の基本となるのは、西洋の近代社会を「学問の体系」として完成したヘーゲル哲学であることに変わりはない。この点を押さえながら、さらにそこから、将来において、私たちがどのような社会を築いていくのかを提示すること、これが本書のめざしたものである。

なお、本書の基本となる土台はあくまでヘーゲルのテクストであり、つぎに挙げる校訂版『ヘーゲル全集』全三十一巻（＝GW）によっている。引用にさいしては、全集の巻数と頁数を示しており、本書でたびたび参照されるヘーゲルの主著『精神現象学』（一八〇七年）は『ヘーゲル全集』第九巻（＝GW 9）に、ヘーゲルの大著『大論理学』（一八一二／一三年―一八一六年）は『ヘーゲル全集』第十一巻（＝GW 11）と十二巻（＝GW 12）に、それぞれ収められている。

GW: Georg Wilhelm Friedrich Hegel: *Gesammelte Werke*, hrsg. von der Nordrhein-Westfälischen Akademie der Wissenschaften und der Künste, Hamburg: Meiner, 1968 ff.

GW 9: *Phänomenologie des Geistes*, hrsg. von Wolfgang Bonsiepen und Reinhard Heede, 1980.

GW 11: *Wissenschaft der Logik. Erster Band. Die objektive Logik (1812/13)*, hrsg. von Friedrich Hogemann und Walter Jaeschke, 1978.

GW 12: *Wissenschaft der Logik. Zweiter Band. Die subjektive Logik (1816)*, hrsg. von Friedrich Hogemann und Walter Jaeschke, 1981.

ヘーゲル以外のテクストはそのつど、略号をもって書名と巻数および頁数を示している。各章の末尾には、それぞれのテーマに即した推薦図書も挙げられているので、あわせて一読すると、なおいっそうヘーゲル哲学とその現代社会へのかかわりも見えてくるであろう。

ヘーゲルと現代社会――目　次

序章　ヘーゲルと現代社会

はじめに

最初に、本書の内容をかんたんに概観しておこう。本書は全部で七つの章からなる。序章は全体の要約であるから、読者には何よりもまず、序章「ヘーゲルと現代社会」を読んでいただきたい。そのうえで、第1章から終章までを通読していただいてもよいし、あるいは、各章のタイトルを一瞥してから、読者の関心に合わせて、気になる章をかいつまんで読んでいただいてもかまわない。

本書の全体は、ヘーゲル哲学に決定的な影響を受けた現代社会が、まずは、どのように発展してきたのかを追っている。そして、そこから、どのような方向へさらに発展していくのかを見通している。したがって、たとえば、政治、経済、宗教、女性、思想、生命というようなテーマに従って、本書を第1章から終章へ向けて読み進めても、あるいは逆に、終章から第1章へ向けて読み返してもよいようになっている。

では、手始めに、現代社会にとってもっともアクチュアリティのあるテーマから、本書の全体を要約しておく。

1　アイデンティティと共同性――テイラーの共同体主義

チャールズ・テイラー（Charles Taylor, 1931-）は、「共同体主義」、「多文化主義」、「承認をめぐる政治」などの主題に関する代表的論客として、今日、世界的に有名なカナダの政治哲学者である。テイラーを哲学界で一躍有名にしたのは、一九七一年に刊行された大著『ヘーゲル』であった。この著作は、形而上学的な観念論者、国家主義者といった、それ以前の英語圏で流布していた古いヘーゲル像を払拭しつつ、ヘーゲルの哲学を、個人と社会との対立をいかにして和解にもたらすかという、近代社会に特有の課題を深く洞察した思想として再評価するものだった。

テイラーによれば、ヘーゲルは近代の啓蒙主義に由来する「主体」がはらむ問題を的確に見抜いていたから、今日でもなおヘーゲル哲学はきわめて重要であり続けている。テイラーは、近代の自律的な主体を「自己規定する主体」と呼んでいるが、それは、自分自身を取り巻く環境とは関係なしに、自分の生き方や自らが従うべき規範を自分自身で規定しようとする主体のあり方を意味していた。この主体は、近代的な個人の自由を表現するものではあったが、こうした観念の広がりは、他面において、社会のうちに自らのよって立つ根拠を見いだせない疎外状況をもたらした。また、疎外状況を克服し、社会を理性的に作り直そうとする「絶対的自由」への願望は、その意図とは裏腹に、既存の社会を破壊し、社会の多種多様な構成要素を同質化することに帰着した。

テイラーによれば、今日にまで尾を引く、こうした近代社会の困難を克服するためには、「自己規定する主体」に置き換わる「状況づけられた主体」を探究することが不可欠である。そして、そのためにも、ヘーゲルの「精神」の哲学にその先駆的な意義を読み取ることができるという。とりわけ、テイラーは、ヘーゲルの「客観的精神」の概念を高く評価するが、それというのも、第一に、文化的共同体のなかの実践や制度のうちに、人々のアイデンティティを定義づける一定の理念が表現されているからであり、第二に、各人がアイデンティティを形成し、何らかの自己実現を果たすうえでは、そうした社会のなかで営まれる公共生活への参与が決定的な重要性を持っているからである。

だが、テイラーはヘーゲルを全面的に支持しているわけではない。ヘーゲルの精神哲学は、人々の社会的・文化的な実践を「客観的精神」の表現として理解するところで完結するわけではなく、さらにその背後には、「絶対的精神」もしくは「宇宙的精神」とも呼ぶべき、絶対的な主体の存在論が控えているからである。しかし、そうした形而上学的な存在論が、今日的には説得力を欠くことは否定できないだろう。それゆえ、テイラーが自らの人間学、道徳文化論、政治論などの論考のうちで取り組むのは、絶対的精神とか宇宙的精神とかいった形而上学的な原理を取り払いつつ、どのようにして「状況づけられた主体」を構想することができるのか、そして、どのようにして社会の多元性を擁護することができるのか、という課題である。

たしかに、テイラーの哲学的営為を単純にヘーゲル主義と呼ぶことはできない。「状況づけられた主体」の基本構図を描こうとするテイラーの人間学の議論も、西洋近代のうちに根ざす「善」の理念を掘り起こし、それを再生しようとする道徳文化論も、異なるアイデンティティを持つ者同士の対話と相互承認を求める方向へと進む多文化主義の議論も、いずれも哲学的解釈学の方法に依拠して行われている。しかしながら、テイラーが取り組んでいる問題はきわめてヘーゲル的であるともいえる。それは、近代という時代に特有な個人と社会の緊張関係を適切に把握し、両者を和解へと導く理路を探るという課題だからである。それゆえテイラーの思想は、ヘーゲル哲学が現代社会においてもなおアクチュアルな問題提起であることを証している。

では、つぎに、ヘーゲル哲学の持つアクチュアリティを政治的な側面から経済的な側面へと移していこう。

2 変革的主体の形成——ルカーチの物象化論

二十世紀を代表するハンガリーのマルクス主義哲学者ジェルジ・ルカーチ (Georg Lukács, 1885-1971) は、人間の関係が商品や貨幣の姿をとる事態を「物象化」と表現していた。物象化ということばは、カール・マルクス (Karl Marx, 1818-1883) の『資本論』(一八六七―九四年) に由来するのだが、ルカーチが『歴史と階級意識』（一九二三年）のなかでマルクス主義哲学の中心概念に据え直したものである。

ルカーチの物象化論を、あらためて解釈し直そうとしたのが、現代ドイツのフランクフルト学派の社会哲学者アクセル・ホネット（Axel Honneth, 1949-）である。ここから、二十世紀の資本主義社会の主要問題であった物象化論が、二十一世紀の現代社会のなかで承認論として再解釈されていく。それと同時に、ルカーチの物象化論のなかで主要な問題関心であった「変革的主体」が、現代社会のなかであらためてとらえ返され、再浮上してくることになる。

ルカーチの構想を概観していくと、まず、物象化された商品社会に対するプロレタリアート（労働者階級）の意識が浮かび上がってくる。主体でありかつ客体であるという性格、つまりアイデンティティをもつプロレタリアートの意識を、ルカーチは物象化という資本主義社会に固有な現象のうちに見いだしていた。そうしたなかで、プロレタリアートが歴史を創造する主体となるのは、自分のあり方やふるまいが、合理的な計算によって運動する商品社会の構造の一部になっていることを自覚することによる。そうであれば、プロレタリアートをブルジョアジーから分かつのは、商品社会のなかで「物」になるという否定的な状況を自分の本質として直視することができるのか、という点にかかってくる。

こうしたルカーチの基本的な問題設定を現代に生かす試みとして、ホネットによるルカーチの物象化論の承認論的な再構成と、それに対する二つの批判が検討される。たしかに、ルカーチの分析からプロレタリアートの「静観」という物象化された態度を取り出すこともできるだろうが、しかし、静観にもとづく中立的でニュートラルな認識よりも、ホネットのいうように、相互に「同感」しあう感情的な承認を優位のものとみなして、いわば「承認の忘却」として物象化を提示することもできるだろう。

だが、ホネットのいう承認論的再解釈に対しては、二つの方向から有効な批判がなされているようにも見える。すなわち、ディアク・クヴァドフリーク（Dirk Quadflieg）のように、物象化のもつ肯定的な意義を指摘することもできるだろうし、あるいは逆に、ジュディス・バトラー（Judith Butler, 1956-）のように、承認そのものがもつ物象化的な性格を指摘することもできるだろう。

ホネットの承認論への批判が可能であれば、承認論への批判を起点として、いったんはヘーゲルの主著『精神現象学』に帰っていき、そこから、そのなかで展開されている「事そのもの」を読み直すこともできるだろうか。ルカーチは、のちの著作『若きヘーゲル』（一九四八年）の商品を分析したところで、ヘーゲルのいう「事そのもの」を取り上げているが、そこでは、客体としての「事そのもの」が主体へと移行する過程のなかで、あらたにとらえ直されて解釈されている。さらにそこから、物象化のなかで変革的主体を形成していくという、ルカーチ自身の課題設定も浮かび上がってくるだろう。そしてそのときには、その意義と限界もまた明らかになるだろうか。

ルカーチの物象化論を見据えたところで、ヘーゲルの『精神現象学』を読み直すとき、主体に対立する客体的な世界を克服するものとしての意識の意義が取り上げられる。しかし、こうした疎遠な世界の克服は、現代の社会では、客体的な世界そのものの変革への橋渡しという意味でも、つねに難しさをも伴っているように見える。

では、困難に直面して、その難しさを克服していくヘーゲル哲学の強さを、脱宗教化するポストモダンの思想状況のなかで、伝統的な既成宗教から哲学的な議論への移行として考察してみよう。

3 哲学は宗教を克服するのか――現代哲学の脱宗教化

かつて、ドイツの文豪ヨハン・ヴォルフガング・ゲーテ（Johann Wolfgang Goethe, 1749-1832）は、『ヴィルヘルムマイスターの修行時代』（一七九六年）のなかで、ある目的を達成するために大切なものを引き渡すという意味で、犠牲ということばを用いていた。たしかに、ゲーテは犠牲ということばを脱宗教化して、積極的に、人生のあるべき姿を論じている。

そして今日の私たちも、ある高次の目的のために何ものかを犠牲にするというとき、この用法を何げなく採用して使用している。だがしかし、哲学の議論としては、ことばの問題をたんなる用法として片づけるわけにはいかない。それは、たとえばドイツの社会哲学者ユルゲン・ハーバーマス（Jürgen Habermas,1929-）の指摘を待つまでもなく、現代社会は、それが由来する伝統とのつながりを持っているから、私たちはそのつながりをつよく意識していかなければならないのである。

ヘーゲルに先立って、ドイツの哲学者イマヌエル・カント（Immanuel Kant, 1724-1804）は、すでに宗教的なイメージを道徳へと純化させ、今日の哲学的宗教論を準備していた。カントはしばしば道徳を宗教のことばへ変換し、宗教を道徳のことばへ変換していた。しかしヘーゲルは、宗教の伝統を哲学へと吸収するように、たとえば、「祭祀」というカントが蔑視した行為を哲学的な議論の中心に据えて考察していく。そしてその成果の一つとして生まれてくるのが、『一八〇〇年体系断片』と呼ばれる初期草稿である。ここでヘーゲルは、客体的な現象のうちに主体的な意味を読み取って、祭祀＝供犠論を展開していく。

たしかにハーバーマスも、ヘーゲルを引き受けながら独自の哲学を築き上げてきたが、そのモチーフは、基本的なところではまだ、ヘーゲル的な宗教哲学を背景にして成り立っていたといえる。たとえばそれは、ヘーゲルとは無関係に見えるドイツの哲学者マックス・シェーラー（Max Scheler, 1874-1928）や、オーストリアの精神分析学者ジークムント・フロイト（Sigmund Freud, 1856-1939）もそうであったのと同様である。いずれも、ヘーゲルのように、「人間の欲望」を軸に据えて祭祀論を組み立てていたので、こうした意味でも、現代社会が人間の欲望をどこまでも基本に据えているかぎり、ヘーゲルの祭祀＝供犠論もまた、再検討の必要とその価値があるといえよう。

しかもそれは、現代社会のなかでは、祭祀＝供犠論となって、つぎのような問いを伴って現れてくる。すなわち、神を抜きにして、供犠に代わるものが人間にはあるのだろうか、という問いである。この問いはすでに、アメリカの哲学者ウィリアム・ジェイムズ（William James, 1842-1910）が発していたものだった。

ポスト宗教の世界は、フロイトを生み出し、シェーラーの思想を規定していたが、さらにはハーバーマスのように、ドイツの哲学者マルティン・ハイデガー（Martin Heidegger, 1889-1976）の哲学的思索のなかにも、終末論の予感を見て取ることができる。そうはいっても、現代の社会では、ハーバーマスでさえ宗教の枠組みや供犠の構図から解放されているのかどうか、これもまた疑問のままにとどまっている。

たしかに、哲学の脱宗教化は、カントが試みて以来、今日にいたるまで問題であったし、いまでもそうである。しかし、フランスのポストモダンの哲学者ジャック・デリダ（Jacques Derrida, 1930-2004）が、「供犠のない宗教は考えられない」と語っていたように、私たちにはむしろ、「供犠を考えない哲学はありうるのか」という問いも残されているように思える。

では、現代社会に生きる私たちは、より高い目的のために、自己を犠牲にすることができるのだろうか。

4 女性の欲望と共同体――バトラーのアンティゴネー論

フェミニズムの代表的論者であり、かつヘーゲル研究者でもあるジュディス・バトラー（Judith Butler, 1956-）は、『アンティゴネーの主張』（二〇〇〇年）のなかで、ヘーゲル批判を積極的に展開している。ここで、バトラーのヘーゲル批判を参照しながら、ヘーゲルが男性社会の掟に対して女性の欲望と犯罪をどのようなものとして論じていたのかを検討していこう。

まず、ヘーゲルが『精神現象学』（一八〇七年）の精神のところで扱った『アンティゴネー』の解釈を見ていくと、そこでは、ソポクレース（Sophokles, BC.497/6-BC.406/5）のギリシア悲劇『アンティゴネー』を紹介しつつ、それをヘーゲルがどのように解釈したのかが明らかにされる。とりわけ重要なのは、ヘーゲルがギリシア悲劇に見られる「人倫」のなかでの女性のあり方として提示した、夫や子どもに対して、この夫あるいはこの子どもにではなく、夫一般あるいは子ども一般にかかわるという規定であり、兄と妹のあいだの関係には欲望が介在しないという理解である。

つぎに、バトラーの『アンティゴネーの主張』が、どのような問題関心のもとで、どのような点で、ヘーゲルの解釈を批判したのかを確認しておこう。バトラーは、アンティゴネーが「神々の掟」に違反していることを指摘したうえで、そこに「近親姦」の可能性を見いだした。バトラーは、兄と妹との関係には欲望が介在しないとするヘーゲルの解釈に注目し、ここにヘーゲルが自らの承認論の構想を裏切るかたちで、まさにこの近親姦の可能性を抑圧あるいは隠蔽していると指摘する。つまり、ヘーゲルの『精神現象学』に登場する自己意識では、欲望は承認の原理とされていたのに対して、ここでは、兄と妹の欲望不在の関係に相互承認の成立を見いだしているとして、バトラーはヘーゲルを批判するのである。

はたして、こうしたバトラーのヘーゲル批判は、どの程度まで正当化されるのだろうか。バトラーのヘーゲル批判から、ヘーゲル『精神現象学』におけるアンティゴネー解釈を再検討していこう。ヘーゲルは『法の哲学』(一八二一年)のなかで「不法」について論じているが、ここから明らかになるのは、ヘーゲルはアンティゴネーの主張のなかに「詐欺」を見ているということだった。つまり、ヘーゲルの解釈では、アンティゴネーは「神々の掟」を偽って使い、兄を埋葬するという自らの個人的な意志を成し遂げた、ということである。

一見したところ、アンティゴネーは、死者一般の埋葬を義務とする「神々の掟」に従っているように見える。だが、実のところ、その掟は、適用範囲を親族一般へと拡張することはできず、兄ポリュネイケースとのあいだにのみ適用可能な、近親姦のルールにほかならなかった。それゆえ、アンティゴネーは、「人間の掟」に背いて兄を埋葬することを正当化するために、神々に従いつつ神々をだましていたのであり、だからこそ「罪責」を負わざるをえなかったのである。

ここから、ヘーゲルが女性の欲望と共同体の再生産との関連をどのように理解していたのかを確認することができる。ヘーゲルによれば、ギリシア悲劇『アンティゴネー』における家族（アンティゴネー）と共同体（クレオーン）の没落は、「神々の掟」への女性の違反によって引き起こされる。だが、ヘーゲルが『アンティゴネー』から引き出したのは、共同体が再生産されるためには、女性は近親姦的な欲望を禁止されているのみならず、血のつながりのない男性に対しては無差別に欲望しなければならない、という洞察である。つまりこれは、女性の欲望を「人倫」のもとで規制して管理している「神々の掟」が、女性の死を賭した違反によって破られるとき、「人間の掟」に帰属する男性主体の共同体の没落もまた引き起こされる、ということである。

したがって、現代社会におけるヘーゲル哲学の意義は、女性の欲望がどのように統制されているのかという観点から、共同体の再生産の原理を解明した点に認められるといってもよいだろう。そうだとすれば、私たちの生き方を規定している社会や、私たちの存在を規定している世界は、どのような仕組みでできあがっているのだろうか。

5　世界の不在と絶対者の現在——ガブリエルの新実在論

現在、世界的に展開されている思想潮流のなかでも、もっともホットな思想の一つは、マルクス・

ガブリエル（Markus Gabriel, 1980-）の新実在論であろう。それは、「あらゆるものは存在するが、あらゆるものを規定する全体、つまり〈世界〉だけは存在しない」という独特の主張で知られている。このガブリエルの主張の哲学的意義を、ヘーゲル哲学との連関において明らかにしてみると、現代世界のどのような姿が現れてくるだろうか。

ヘーゲルの絶対的観念論とガブリエルのいう新実在論のあいだには、二つの共通点と一つの相違点があるように見える。第一に、ガブリエルが「世界」ということばで指しているものは、ヘーゲルの「絶対者」と同じものである。第二に、ガブリエルは領域存在論によって、世界すなわち絶対者が存在しないことを論証するのに対して、ヘーゲルは哲学体系によって、絶対者すなわち世界が存在することを論証する。しかしそうはいっても、第三に、ガブリエルの領域存在論は、絶対者の自己構成というヘーゲル哲学の体系的な方法に依拠しており、それを前提することではじめてヘーゲルを批判することができる。これらの連関を示すことで、ガブリエルの新実在論が、絶対者である世界に対するドイツ観念論的なアプローチに新たな光を当てることにもなり、とりわけてヘーゲル哲学に顕著な理論的方法論に新たな可能性を開いていくことにもなる。

では、新実在論の基本的な主張内容を確認しておこう。一般に、近代哲学において「実在論」は「観念論」の対義語とされてきた。しかし、「新実在論」の場合はそうではない。新実在論の考え方は、たとえば、カント哲学やフッサール現象学、ポストモダン哲学のように、あらゆるものを超越論的主観やエクリチュールといった「主観」に還元し、それだけを真に存在するものと主張するものではない。また、カント以前の形而上学や唯物論のように、あらゆるものを物や自然といった「客観」に還元するのでもない。それは、主観と客観のどちらも同等に存在すると主張する点で、さらには、いかなる存在者も真に存在すると主張する点で、新しい実在論なのである。

つぎに、ガブリエルの新実在論の方法論である領域存在論を概観しておこう。領域存在論の中心概念は二つある。一つは、無限に多様で多層的な「領域」という概念であり、もう一つは、何らかの領域における「現象」として解釈される現実存在の概念である。二つの概念を踏まえると、一方では、どのような存在も何らかの領域のなかで現象するのだから、「あらゆるものは存在する」といえるし、しかし他方で、あらゆる領域を含む「最高次の領域」すなわち「世界」は、それが現象する高次の領域を持たないのだから、原理的に「存在する」とはいえない。

このように新実在論の主張と方法論を押さえてみると、ガブリエルによるヘーゲル解釈の要点が見えてくる。ガブリエルは、ヘーゲル論理学の現実性から精神哲学の絶対精神へといたる理論的展開のなかに、「規定の総体」である「絶対者」が自己を構成していき、そして自己を知ることになる過程と構造を見て取った。そこから、ヘーゲルが哲学体系を絶対者とみなしていたこと、つまり「最高次の領域」としての「世界」の規定とみなしていたことを指摘する。しかし、ガブリエルの領域存在論によれば、存在するものの全体である世界そのものは規定されないのだから、実際には、ヘーゲルは絶対者を規定していないことになる。

このように、ガブリエルによるヘーゲル批判の主旨を明確にすると、その妥当性を検討するだけでなく、反対に、ガブリエルの新実在論の意義を見極めることもできるだろう。結論的にいえば、ガブリエルの批判は正当なものであるものの、その批判そのものは、世界すなわち絶対者に対するヘーゲル的なアプローチ抜きには成り立たないといえる。ガブリエルの新実在論は、ヘーゲルの哲学体系を再構成した階層理論的な方法論に依拠しているのであって、それゆえ、実際のところは、ガブリエルは自分が批判する相手の土俵の上で自分の立場を主張していることになる。そうであれば、ここから、新実在論による論証方法は、とりわけヘーゲルに顕著な世界に対するドイツ観念論的なアプローチに光を投げかけることにもなるだろうか。

では、最後に、私たちが生きている世界を反省するためにも、現代の生命をめぐる議論を取り上げておこう。

6 語りうるものとしての生命——現代の生命論

現代の社会において、生命倫理、医療倫理、環境倫理といった生命をめぐる一連の議論は、かつてのような勢いを失ってきたように見える。実際のところ、現代の倫理的な問題をめぐる議論は、勢いを失っているのだろうか。あるいは「生命の当事者」である私たち自身が、いまここに「生きている」という事実と結びつけて、生命について論じることが少なくなってきたから、そう見えているだけなのだろうか。

現代倫理学の源泉を探っていくと、私たちはドイツ観念論を超えて、近代の自然科学とロマン主義との対立にまでたどり着くことになる。というのも、自然科学とロマン主義のいずれの立場も、生命を「語りえないもの」とすることによって、私たちが生きているという事実からかけ離れたところで生命を論じてきたからである。それに対して、生命を語りえないものとする言説を乗り越えようとしたのが、まさにヘーゲルの生命論であった。

ヘーゲルの生命論の特徴は、生命を「理念」としてとらえる点にあるが、いったいヘーゲルの哲学において理念とは何であろうか。それは独特の意味で用いられているので、ここでヘーゲル哲学の基本姿勢を確認しておこう。まずは、統一された状態があって、そこに区別や対立が生じ、そして乗り越えられていく。こうしてふたたび統一が回復される過程において現れるのが、ヘーゲルのいう理念である。ヘーゲルの生命論では、このような過程は、独特の意味で論じられる「概念」の運動であり、すなわち、普遍・特殊・個別という、三つの段階を経て展開するプロセスである。

理念としての生命は、いわば生命の「原理」であり、直接的には、私たちの目の前に見いだされる生命体である。つまりそれは、生きている個体なのである。生命の原理は、それ自体としては、機械的・化学的な存在である身体を通して、外部から取り入れられたものや、外にある世界と対立しながら、それとの対立を乗り越えていく。このようにして生きている個体が生命を維持していること、つまり、まさに生きているというこのプロセスこそが、理念としての生命の現れにほかならない。

そしてさらに、生きている個体は、他の生きている個体とのかかわりを通してより大きな類を維持していく。大きな類を維持することも一つのプロセスである。ともすればたんなる抽象の産物と思われる類も、個体が生命を維持することで成り立っている。これはまた、逆にいえば、個体が類を維持することによって新たな個体が生みだされることでもある。ヘーゲルのこうした生命論は、現代の生命をめぐる議論の前提そのものを問い直すものなのである。

最後に、ヘーゲルの議論から少し離れつつ理念の自己認識ということについて考えてみよう。それはまさに、生きている個体であり生命の当事者である私たち人間の一人ひとりが「類である生命そのもの」をどのようにとらえるのかという問題であり、きわめて現代的な問題だからである。

おわりに

本書の各章においては、ヘーゲル哲学を今日的な観点から鋭く切り込み、これによってヘーゲル哲学を再生する新たな可能性が開かれてくるだろう。そのような読解の試みが、以下の各章においてなされている。では、具体的な問題を取り上げながら、本論に入っていくことにしよう。

推薦図書

寄川条路編『ヘーゲル講義録入門』(法政大学出版局、二〇一六年)。

寄川条路編『ヘーゲルと現代思想』(晃洋書房、二〇一七年)。

オットー・ペゲラー編『ヘーゲル講義録入門』(法政大学出版局、二〇一五年)。

第1章　アイデンティティと共同性——テイラーの共同体主義

はじめに

本章で取り上げるチャールズ・テイラー（Charles Taylor, 1931-）は、「共同体主義」（コミュニタリアニズム）、「多文化主義」、「承認をめぐる政治」などの主題に関する代表的論客として、今日、世界的にもっともよく知られているカナダの政治哲学者、倫理学者である。

そのテイラーが哲学界で一躍有名になったのは、一九七一年に刊行された大著『ヘーゲル』(1)によってであった。この書が現れる以前の英語圏の思想界では、その大勢において、ヘーゲルは過去の哲学者と見なされていた。バートランド・ラッセル（Bertrand Russell, 1872-1970）やカール・ポパー（Karl Popper, 1902-1994）といった当時の代表的知性によって、ヘーゲルには、形而上学的な観念論者、あるいは全体主義の源流となった国家主義者といった烙印が押されていたからである。テイラーの著作はこうした英語圏で流布していた古いヘーゲル像を払拭するのに寄与した。彼によれば、ヘーゲルの哲学が今日でも重要である理由は、それが近代社会特有の問題を的確に見抜き、それを思想的に定式化しているという点に見いだされる。

では、テイラーがヘーゲル哲学のうちに見て取った問題とは、具体的には何だろうか。一言でいえば、それは「近代におけるアイデンティティと共同性のゆくえ」と呼ぶことができる。テイラーのいう「近代」とは、現代とは区別された過去の一時代ではなく、およそ十六世紀から現代におよぶ歴史的スパンを指している。

近代以前、人間は自らをより大きな秩序の一部であるととらえていた。西洋の思想的伝統においては、世界は一つの調和的秩序をなすものとされ、人間もまたそのなかに位置づけられ、そこから自らの生きる意味や道徳的な規範を見いだしていた。ところが近代になると、こうした意味ある秩序の観念は解体され、既存の共同体との結びつきから切り離された自由な個人が登場する。それは、自分自身を取り巻く外的環境とは関係なしに、自分の生き方や自らが従うべき規範を自分自身で規定しようとする主体であり、テイラーはそれを「自己規定する主体」(self-defining subject) と呼んでいる。こうした近代的な自由の観念の広がりは、一面では個人の解放という意義を持った。しかしその反面において、より大きな宇宙の秩序や共同体から切り離されることは、それらとのつながりにおいて与えられていた生の意味や規範の根拠を喪失することにもなる。近代的な個人の自由は、人間の生の意味や規範の根拠を不分明なものにしてしまうのではないか。人間はよき共同体のうちに連なることではじめて適切な自己アイデンティティを獲得し、自由を実りある仕方で享受できるのではないか。近代社会がはらむ問題をこのように認識し、それに徹底的に取り組んだ最初の哲学者こそ、ヘーゲルその人であった。テイラーがヘーゲルから継承するのもこうした彼の問題意識であり、テイラーが「共同体主義」の論客とされる理由もここにある。

もっとも、テイラーはヘーゲルの哲学に全面的に与するわけではない。テイラーがヘーゲルを評価するのは、その問題認識においてであって、哲学的帰結においてではない。けれども、テイラーの哲学的な探究テーマは多岐に渡るものであるが、一貫してその中心には、近代のアイデンティティと共同性はどのように把握すべきか、というモチーフが横たわっている。それゆえ、彼が展開する人間学、道徳文化論、政治論などの論考は、自らが明示したヘーゲルの問題設定への応答という性格を持っているといえる。

そこで本章では、まずは、テイラーがヘーゲル哲学の意義をどのように受け取ったかを検討し、そのうえで、テイラー自身が取り組んでいる人間学、道徳文化論、政治論のなかで、ヘーゲル研究から汲み取った問題認識がどのように展開されているのかを検討していくことにする。

1　テイラーのヘーゲル評価

本節では、『ヘーゲル』の縮約版である『ヘーゲルと近代社会』を主な手がかりとしつつ、テイラーがヘーゲル哲学をどのように評価しているかを確認していくことにしたい。

まずテイラーは、近代における啓蒙思想の登場の意味を問うことから考察を始めている。近代以前において、人間は自己や自らの属する共同体を調和的な宇宙の秩序のなかの一部だととらえていた。

これに対し、近代の啓蒙主義は、こうした宇宙的秩序を前述した「自己規定する主体」の概念によって退け、新たな秩序のとらえ方を提起した。それは、「自己規定する主体」の概念に由来する二つの人間理解にもとづくものだった。一つは、人間は社会に属する以前に各々が独立自存した個人であるという「原子論的な」人間観であり、二つめは、人間は自らの欲求充足を追い求める存在であるという「功利主義的な」人間観である。これらの人間理解からすれば、社会とは、それに先立つより大きな宇宙の秩序に基礎を持つものではなく、欲望の主体としての個々人の利益の促進とその相互調整に資するかぎりで作られた道具ないし手段にすぎないことになる。

しかしながら、啓蒙主義によるこうした道具主義的な社会のとらえ方は、人々が社会のうちに自らのアイデンティティを確証するための根拠をまったく提供しない。というのも、自分の社会に対する帰属意識が、ただその社会が自分に保証する満足次第で変わるような人間は、実質的には根無し草にすぎないからである。社会における公共の実践や規範が人々にとってもはや何の意味も持たなくなるとき、「疎外」の状況が生じる。こうした近代の状況の洞察に関して、ヘーゲルは「疎外論を最初に展開したうちの一人である」(2)とテイラーは述べている。

もっとも、近代的主体もまた、疎外状況を克服し、自らの社会と一体化するための根拠を求めようとする。ヘーゲルは主著『精神現象学』において、こうした近代的主体の願望を、「絶対的自由」という語で表現していた。それが求めるのは、社会が自分たち自身の理性と意志的決定によって作り上げた作品であるという意味を帯びることである。

ヘーゲルはこうした願望の切実さに十分理解を示しつつも、その理念のうちに重大な欠陥があることを見て取る。それは、この理念は、部分的な共同体や身分や集団などの、社会編成上のいかなる区分とも調和できない、という点である。「絶対的自由」の理念は、社会の構成員のすべてが全体の意志決定に参加することと、満場一致に近いかたちでの合意形成を要求するが、そのためには人々のあいだにいかなる立場上の相違や利害の対立があってもならない。つまりは、「市民たちの最大限の同質性」(3)が必要となる。けれども、どのような社会であれ、何らかの社会的区分をうちに含まずには成り立たない。その結果、この理念の急進的な追求は、既存のあらゆる社会的区分を根絶しようとする破壊の猛威を生みだす一方、新たな社会編成を作り出すにはいたらなかったのである。

ヘーゲルは、こうした絶対的自由の願望が行きつく否定的な事態を、フランス革命後の恐怖政治に見て取った。けれども、こうした理想を引き継ぐ運動は、その後も、マルクス主義や無政府主義、諸々のナショナリズムなどのかたちをとって繰り返されてきた。その意味では、ヘーゲルの洞察は時代を先回りするものだった、とテイラーは述べる(4)。

こうして、テイラーがヘーゲルの哲学的洞察を重要であるとみなす第一の理由は、ヘーゲルがいま略述したような仕方で、近代社会がはらむジレンマを的確に見抜いていた、という点にある。一方で、功利主義的・原子論的な社会観は疎外状況をもたらす。他方で、これを克服しようとする絶対的自由への願望は破壊と同質化に帰着する。では、こうしたジレンマを生みだす問題の根はどこにあるのだろうか。

この点についてテイラーは、ヘーゲルの絶対的自由への批判を受けつつ、啓蒙主義に由来する、「自己規定する主体」という観念そのものに対して批判的なまなざしを向けている。すなわち、自己規定する主体とは、外部から干渉されることなくいっさいを自己決定しうる自由な主体を意味する。だが、そうした主体は、自己を束縛しかねないいっさいの制約を否定するがゆえに、結局のところ、いかなる具体的な状況をも受け入れることができない。つまり、この主体が暗に求めているのは、「状況をもたない自由」(5)という、まったく非現実的な観念なのである。したがって、テイラーによれば、近代のジレンマを克服するためには、こうした主体観や自由観そのものが乗り越えられなければならない。言い換えれば、「いかにして自由を状況づけるか」(6)ということが、近代以降の時代に生きる私たちにとって、基本的な課題となる。

そこでテイラーは、ヘーゲルの「精神」の哲学のうちに、「状況づけられた主体」(situated subject)の探求としての先駆的な意義を読み取ろうとする。この点に、テイラーがヘーゲル哲学を重視する第二の理由がある。では、ヘーゲルのいう「精神」とは何を意味するのだろうか。端的にいえば、それは超個人的な主体だといえる。ヘーゲルによれば、個々の人間は、原子論的にバラバラに存在するのではなく、同じ一つの精神を分かち持っているのであり、しかもその精神は、目に見えないものではなく、言語や文化、社会的な慣習や制度などのうちで客観化されたものとして存在している。つまり、これが「客観的精神」である。

テイラーはヘーゲルのこうした見地に賛同しつつ、それがいかに妥当かを示すために、つぎのような例を挙げている。たとえば、私たちの経験がどのようにして可能になるのかを考えてみよう。儀式に参加したり、政治活動を行ったり、郷里のスポーツ・チームの勝利を喜んだり、といった私たちの生の営みは、何らかの共有された「言語」を通じて成り立っている。それは、言語が個人の経験の伝達手段となるというだけの意味ではなく、そもそも言語とはそうした個人の経験そのものを構成している当のものだという意味においてである。

言語は、ならびに、私たちの経験と解釈の根底にある一群の関連しあう諸区別は、共同体のなかでのみ成長し、それによってのみ維持されうるものである。その意味で、私たちは文化的共同体においてのみ、人間として現にあるとおりのものなのである。(7)

それゆえテイラーは、ヘーゲルの「客観的精神」の概念がつぎのような考えをうちに含んでいるかぎりで、それを支持する。それは第一に、ヘーゲルが「人倫」と呼ぶところの、文化的共同体のなかの実践や制度のうちには、私たちのアイデンティティを定義づけるような一定の理念が表現されていることであり、それゆえ第二に、個人がアイデンティティを形成し、何らかの自己実現を果たすうえでは、そうした共同体のなかで営まれる公共生活への参与が決定的な重要性を持つことである。

もっとも、テイラーはヘーゲルを全面的に支持するわけではない。というのも、ヘーゲルの「精神」の哲学は、人々の社会的・文化的な実践を「客観的精神」の表現として理解する見地で完結するわけではなく、さらにその背後には、「宇宙的精神」(cosmic spirit) とも呼ぶべき、絶対的な主体の存在論が控えているからである。すなわち、その考えによれば、世界の根底には「宇宙的精神」という自分自身を実現しようとする精神的原理が働いており、人間の知的活動や、社会や文化の営みは、この宇宙的精神が自らを表現し具体化するさいの媒介物にほかならないとされる。しかし、このような形而上学的な主張が今日的には説得力を欠くことは、テイラーによっても否定すべくもない。

また、テイラーはヘーゲル流の社会的分化の考え方にも同様の態度を示す。ヘーゲルは、近代における自律への要求を正当なものと認めつつも、そこにはらまれる「同質化」の傾向に対しては、これを拒絶し、社会が多種多様な構成要素を含み持つべきだと主張した。しかし、テイラーによれば、ヘーゲルのやり方は、諸々の社会的な区分を、宇宙的精神が自らを分節化する必然的な仕方として解釈するというものだった。これについてもテイラーは、ヘーゲルの解答をそのまま受け入れることはしない。もっとも、本章では立ち入れないが、このようなテイラーによるヘーゲルの「精神」概念の解釈が、はたして妥当かどうかは検討すべき余地がある。たとえば、今日の英語圏のヘーゲル研究を牽引するロバート・B・ピピン (Robert B. Pippin, 1948-) は、テイラーの解釈に異議を唱え、ヘーゲルの「精神」概念を、カントの形而上学批判を踏まえたものとして、脱形而上学的な視点から読み解こうとしている(8)。

総括的にいえば、テイラーは、ヘーゲルが啓蒙主義に由来する「自己規定する主体」を批判し、代替として「状況づけられた主体」を探求した点において、ヘーゲルを評価する。しかし、そこで提示された自己、ならびにそれを可能とする文化的共同体が、最終的には宇宙的精神が自らを表現するさいの媒介物として解釈される点については、ヘーゲルに対し否を突きつける。

それでは、「宇宙的精神」といった形而上学的な原理を取り払いつつ、どのようにして「状況づけられた主体」や「状況づけられた自由」というものを構想したらよいのだろうか。そしてまた、どのようにして社会の多元性を擁護することができるのだろうか。テイラーはこうした課題を引き受けつつ、自らの人間学、道徳文化論、政治論などを展開していく。

2 「状況づけられた主体」についての人間学

本節では、テイラーが人間をどのような存在としてとらえているかを見ていく。というのも、テイラーの人間学的な考察は、「状況づけられた主体」の探究という、ヘーゲルから受け取った課題に対する応答としての性格を持つからである。この主題に関するテイラーの見解は、大きく見ると、相互に関連しあうつぎの三つの論点から成り立っている。（一）人間は自己解釈する動物である。（二）人間の生は対話的な性格を持つ。（三）人間のアイデンティティはその当人が何を「善」とするかによって定義づけられる。それでは以下、これらを順に見ていこう。

（一）テイラーは、マルティン・ハイデガー（Martin Heidegger, 1889-1976）の解釈学に触発されつつ、人間は「自己解釈する動物」であるという。[9] 人間は、他の動物とは異なり、自分がどのような存在であるのかをつねにすでに解釈しながら生きている。そのさい、彼が着目するのが人間に特有な価値評価のあり方である。テイラーは欲求や感情を評価する能力を、人間を人間とする固有の能力とみなすが、それを「強い評価」と呼ぶ。[10]「強い評価」とは、自らの欲求や感情を、「高貴な／卑しい」、「誇らしい／恥ずべき」、「深い／軽薄な」といった、対照的な区別によって評価づける様式である。たとえば、困難に直面してすぐに逃げ出してしまうことを「恥ずべき」と評価したり、友人の成功を妬ましいと感じてしまったことを「卑しい」と評価したりする場合がそれである。

では、なぜそれらは「恥ずべき」こと、「卑しい」ことと評価されるのか。それは、そうした欲求や感情を抱くことが、当人が望む生のあり方に反するからである。つまり、強い評価はたんなる欲求や感情の評価にとどまらず、自己のあり方や生き方の質の評価に関わっているという点にその特質がある。このことは、人間が自らの欲求や感情を価値評価するとき、自分がどのような存在であり、どのような生き方を望むのか、といった自己解釈をそのつどすでに行っているということを意味する。

（二）ところで、人間が「自分がどのような存在であるのか」を解釈しつつ、生きているという事実は、人間がアイデンティティを持つことと同義である。アイデンティティとは、端的にいえば、自己理解の仕方のことだからである。では、人間はどのようにアイデンティティを獲得するのだろうか。この点に関して、テイラーは「対話的な自己」という考え方を提示する。

ある言語のなかへと導かれることなしには私たちが人格のあり方へと導かれることなど、けっしてありえない。私たちが道徳的・精神的な識別にかかわる言語をはじめに学ぶのは、私たちを育てる人々との継続的な会話のなかへと連れて行かれることによってである。(11)

人間は生まれながらにしてアイデンティティを持つわけではない。人はそれを獲得するために必要となる言語を、両親をはじめとした他者との交流を通じて習得していく。そのさい、テイラーは「言語」を話しことばに限定せず、芸術や身ぶり、愛情表現なども含めて、広義な意味でとらえている。(12)そのかぎりで、そうした広義の「言語」は、文化のあらゆる様式を含んでいる。要するに、人間は何らかの言語共同体のうちに生まれるのであり、両親をはじめとする他者との対話を通じて、もろもろの文化様式を習得していく。「よい／わるい」、「高貴な／卑しい」、といった価値評価の区別がなされるのはここにおいてであり、こうして人は、他者との対話的関係を通じて、何が重要であり、何がそうでないのか、何をなすべきであり、何をなすべきでないか、を理解するようになる。

（三）このことに関連して、テイラーはさらに、人間のアイデンティティはその当人がもつ「善」(good)の観念と不可分であるという。「善」とは、当の主体にとっての「善き生」を構成するもの、言い換えれば、「どのように生きるべきか」という問いに対する解答に当たるもののことである。たとえば、古代の都市国家で生きたギリシア人にとっては、家庭や労働にたずさわる私的生活よりも、市民としての公共生活のほうがより高次の生活だと見なされており、そこにおいて獲得する名誉こそが善であった。市民としての名誉のためには、戦争にさいしては勇敢に戦う必要があり、それゆえ、命を危険にさらす覚悟がないことは「軽蔑すべき」だと見なされていた。この例に示されるように、テイラーによれば、善は「私が何者であるか」を規定し、「どのように生きるべきか」を方向づける「枠組」または「地平」として機能している。私がアイデンティティを持つとは、いわば、そうした地平に囲まれた「道徳空間」のうちに自己を位置づけることを意味する。(13) そして、そのような仕方でアイデンティティを持つからこそ、それを背景として、私たちが抱く欲求や好み、意見や憧れといったものの意味がそのつど浮かび上がってくる。

以上のように、テイラーにとって、人間とは、特定の言語や文化に根ざした共同体のなかで生まれ、他の人々と対話をしつつ自己解釈をし、何らかの善へと自らを方向づけることでアイデンティティを形成・維持する存在である。ここで留意すべきは、テイラーのこうした人間理解は、「自己規定する主体」としての人間観への批判を含意している、という点である。「自己規定する主体」は、前節で見たような、「絶対的自由」への願望という極端なかたちをとるとは限らない。それは、人間を他者や共同体との関係性に先立って存在する独立した行為・選択の主体とみなすが、こうした人間理解は、近代以降の主流をなす自由主義（リベラリズム）の政治学や功利主義の倫理学のうちにも深く浸透している。しかし、テイラーからすれば、こうした見方は人間の具体的なあり様をとらえ損ねている。私たちはだれしも、一定の文化的・社会的な背景を持ち、そのような背景に「状況づけられて」生きているのであり、そうした文脈を度外視して、個人が何ごとかを判断したり選び取ったりすることができると考えることは間違っている。

もっとも、テイラーは、個人のアイデンティティが既存の共同体によって一方的に決定されると主張するわけではない。他者との対話を介し、言語的に理解される自己のあり様は、つねに別様の解釈の可能性に開かれてもいる。したがって、私が自分の人生を生きることは、終わりなき「探求」としての性格を持つのである。

以上のテイラーの人間理解は、およそどの時代、どの文化にも共通する人間的な生の基本的なあり方として提示されている。そのかぎりで、こうした人間学的な議論だけでは、まだ現代社会に生きる私たちの具体的なあり様を「状況づけた」ことにはならない。それゆえ、つぎに問われるべきは、現代に生きる私たちは、自らをどのような仕方で理解しているのか、とりわけ、どのような仕方で自由であることが可能なのか、という点である。次節ではこのような観点から、テイラーが近代の道徳文化をどのようにとらえているのかを考察することにしたい。

3　現代の個人主義文化と「真正さ」の倫理

すでに見てきたように、テイラーは、西洋近代に登場した啓蒙主義の潮流に対しては、かなり批判的な姿勢を取る。とはいえ、ヘーゲルがそうでなかったのと同様に、テイラーもまた、けっして反近代主義者ではない。テイラーからすれば、近代を無批判に礼賛することも、全面的に否定することも、ともに誤っている。時代が要請する問題に適切に対処するためには、近代の負の側面を認識しつつも、近代の積極的可能性を擁護することが重要となる。テイラーはこうした姿勢から、『真正さの倫理』という著作のなかで、西洋近代に深く根づいている個人主義の文化の可能性に光を当てていく。

テイラーによれば、現代の西洋社会には「自己実現の個人主義」とも呼ぶべき道徳文化が浸透している。そこでは自己自身に対して忠実であることが本質的な価値として尊ばれ、個人は時として既存の文化や共同体に対立する関係におかれる。テイラーは、こうした自己実現の個人主義の背景にある「善」の理念を、アメリカの批評家ライオネル・トリリング（Lionel Trilling, 1905-1975）にならって、「真正さ（ほんもの）」（authenticity）と呼んでいる(14)。

思想史的に見れば、「真正さ」という理念は、ジャン＝ジャック・ルソー（Jean-Jacques Rousseau,

1712-1778）からヨハン・ゴットフリート・ヘルダー（Johann Gottfried Herder, 1744-1803）を経て生まれたとされる。ルソーは、人間の道徳の核心を、自らの内なる自然の声に従うこととして提示した。ついでヘルダーは、それぞれの人間は自らの尺度を自己の内面のうちに持つのであり、それは他の何ものとも置き換えられない独自なものであると主張した。各人はこの自らの独自性にどこまでも忠実に、自らの人生を自分固有のものとして生きなければならない。もしかりに私が他人の人生を模倣するなどして、自らに忠実でないならば、私は自らの人生の核心を逸することになる。

テイラーの見解によれば、自らの独自性や自分らしさを重視するこうした真正さの理念は、ロマン主義の運動を介して西洋近代の道徳文化に深く浸透し、今日的な「自己実現の個人主義」の根幹をもなしている。だが、こうした個人主義の文化の進展は手放しで是認されてきたわけではない。むしろ、これまで少なからぬ人々がこれに対して批判的な眼を向けてきた。たとえば、アメリカの政治哲学者アラン・ブルーム（Allan Bloom, 1930-1992）はこう指摘する。個人主義の文化は、自己実現を人生の主要な価値とする一方で、外側からやってくる道徳的な要請や、他者との真剣な関わり合いをほとんど認めようとしないから、それはエゴイズムの蔓延や、道徳的な退廃の兆候を招いている、と。(15)

テイラーもまた、真正さの探求がたんなるエゴイズムへとすべり落ちていく危険性を持つことを認める。しかしながら、それは真正さの概念からの逸脱形態であって、この理想それ自体は本来、自己中心的な姿をとることを許容するものではない。したがって、私たちがなすべきは適切な仕方でこの理想を「回復する作業[16]」である、とテイラーは主張する。

第一に、真正さの概念は人間の生の一般的特徴によって制約されている。それはすなわち、人間の生は本来、「対話的な」性格を持つという点である。すでに論じたように、人間は他の人々との対話を通じて自己形成を行う。しかもそれは、幼少期などの成長段階にかぎられたことではない。人間は、自らのアイデンティティを形成して維持し、さらには刷新していくうえで、生涯にわたって他者との対話を必要とする。

もっとも、人間の生が対話的であるというテイラーの人間学的な主張と、自分の独自性に忠実であることを求める真正さの理念とは、一見すると、背反するように思われる。しかし、テイラーはつぎのようにいう。「自己のアイデンティティの発見とは、孤独のなかでやり遂げるものではなく、ときには面と向かって、ときには心のうちで交わされる他者との対話（dialogue）を通じて、自分のアイデンティティを規定していくことである[17]」。つまり、自己探求や自己発見は、他者との関わりを欠いた「独白」（monologue）という仕方でなされるのではない。むしろ、自分自身の独自性は、他者と出会って関わり、他者との差異を発見するなかで見いだされるのである。

第二に、テイラーによれば、真正さの概念は、それを個人が発見するに先立って、「重要性の地平」が存在することを必要とする。たしかに、真正さの概念は、自己のアイデンティティを定義づけるにあたり、何が自分にとって重要であるかを自分自身で見いだすことを要請する。しかしこのことは、いかなることがらに対しても、自己の自由な選択によって重要性を与えうる、という意味ではない。たとえば、私がぴったり三七三二本の髪の毛をもつ唯一の人間であったとしても、そのことに自己の真正さを見いだすことはない。かりにそのようなことがあるとしたら、それは、三七三二という数字を神聖なものとみなす社会が存在し、そのうちで生活する、といった特殊な背景をもつ場合においてだけであろう。つまり、何が重要であり、何がそうでないかを価値判断するためには、その判断の背景となる「地平」が必要なのである。

私は自己のアイデンティティを、重要なことがらを背景にしてのみ定義しうる。しかし、歴史、自然、社会、連帯の要求など、私が自分のうちに見いだすもの以外のすべてを除外してしまうならば、重要なことがらの候補となるものすべてを抹消することになるだろう。……真正さは、自己を超えたものに由来する要求の敵ではない。それはそれらの要求を前提とする。(18)

もっとも、こうしたテイラーの主張に対しては、つぎのような疑問が生じるかもしれない。自己が「重要性の地平」のうちに状況づけられた存在であるならば、人間はいかにして自由でありうるのか、と。この問いを考えるうえで注意すべきは、テイラーが重要なことがらの候補を複数挙げているという点である。歴史的課題、自然環境の問題、社会の問題、人間同士の連帯の必要性など、私たちの背景には複数の重要なことがらが横たわっている。私は何が重要であるかを任意に決定することはできない。しかしながら、どのことがらとの関係において自分の生を方向づけていくかは、他者や既存の共同体から強制されるものではない。かりに強制されるとすれば、自己への忠実さを求める「真正さ」の理念は有名無実のものとなるだろう。したがって、重要なことがらは、あくまで私自身によって自発的に「発見される」必要がある。

以上の論点を踏まえれば、いまや、テイラーが「状況づけられた自由」という表現で何を言おうとしているのかを理解することができる。すなわち、人間は、自らの置かれた状況のうちで、何らかの重要性を帯びたことがらに呼びかけられている。そうした呼びかけに応答すること、言い換えれば、そのことがらを自らにとっての「善き生」を実質的に規定するものとして発見し、それに主体的にコミットすること、それこそがテイラーの考える自由なのである。

ヘーゲルも自由を、「他者のうちで自己自身のもとにあること」と定義していた。その意味するところは、真の自由とは自分が自分とは異なる何ものかと関わりながら、しかもそれによって自分を見失うことなく、むしろそうした関わりにおいてこそ自分らしさを発揮できるということである。テイラーの自由観は、ヘーゲルのこうした考え方を継承しているといえる。

以上見てきたように、テイラーは共同体主義の立場に与しつつも、近代社会に広がる個人主義の文化を全面的に拒絶するわけではなく、むしろ、「真正さ」の理念を手がかりとすることで、個人主義的な文化が持っている倫理的な可能性を救い出そうとする姿勢を打ち出している。

それでは、テイラーのこのような倫理学的立場は、彼の提唱する「多文化主義」の政治哲学とどのように関わっているのだろうか。次節では、この点を検討することにしよう。

4 「承認をめぐる政治」のめざすもの

テイラーによれば、現代の政治的課題の多くは、承認の必要や要求という問題に関わっている。その理由は、他者から承認されるか否か、どのような仕方で承認されるのか、という問題が、各人のアイデンティティのあり方と密接に結びついていることにある。ヘーゲルは『精神現象学』のなかで、支配と隷属の関係の根底には非対称な承認関係があることを「主人と奴隷の弁証法」の議論をもって展開したが、テイラーはこの議論を念頭に置きつつ、つぎのように述べている。

私たちのアイデンティティは、一部には、他人による承認、あるいはその不在、さらにはしばしば歪められた承認によって形作られるのであって、個人や集団は、もし彼らをとりまく人々や社会が、彼らに対し、彼らについての不十分な、あるいは不名誉な、あるいは卑しむべき像を投影するならば、現実に被害や歪曲を被るというものである。(19)

たとえば、家父長制社会における女性、白人社会における黒人、植民地支配を受けた人々などは、その社会の支配者集団から歪んだ承認を与えられたために、歪んだ自己像を形成してしまう。そうした事例が如実に示すのは、人間が適切な自己アイデンティティを持つためには、他者からの適切な承認が不可欠だということである。

ここで重要なのは、テイラーが他人から与えられる承認のあり方には二種類あるとし、それに応じて政治的な承認要求のあり方を区別していることである。テイラーは第一に、近現代の自由主義の中心的なスタンスを「平等な尊厳をめぐる政治」(politics of equal dignity) と名づける。これが要求するのは、自分が他人と同じ存在であることの承認である。そこでは、人種や性別、文化的背景、階級、身分などが違っていても、すべての人間が等しく尊敬を受ける価値がある、ということが主張される。たとえばカントは、だれもが理性的な能力を潜在的に具えていることを根拠として、人間の「尊厳」を説いた。そこから、およそ人間が人間であるかぎり、だれもが同じ権利を持つとされる。

他方で、テイラーが「差異をめぐる政治」(politics of difference) と呼ぶものが要求するのは、他人とは異なる自分の独自性についての承認である。そこでは、人間らしいあり方といっても人それぞれで異なるがゆえに、だれもが自分独自のアイデンティティを発展させる権利を持つ、と主張される。テイラーによれば、こうした承認要求の基礎には、前節でみた「真正さ」の観念がある。この観念の先駆者であるヘルダーは、「独自性」というものを個人のみならず、集団というレベルにも見て取ろうとした。彼によれば、個人と同様、一つの民族も、他の文化の亜流をめざすべきではなく、自らの文化に忠実であるべきなのである。こうした理念は、近代のナショナリズムの源泉ともなったが、今日提唱される多文化主義の思想的根拠ともなっている。つまり、ここでの焦点は、個人としての独自性よりも、集団としての独自性なのである。

これら二つの政治的立場は、ともに承認の必要性に訴えつつも、対立しあう主張を含んでいる。というのも、一方は、差異を顧慮しない仕方で人々を対等に扱うことを要求するのに対し、他方は、ある個人や集団の特殊なアイデンティティを認め、さらにはそれらを育成し発展させることさえをも要求するからである。

それでは、テイラーはどのような立場を取るのか。テイラーは、どちらの主張も重要だとしつつも、従来の自由主義が「平等な尊厳をめぐる政治」に偏向しがちであったことに批判的な眼差しを向けつつ、「差異をめぐる政治」のほうをより重視する姿勢を取る。

自由主義の擁護者は、自由主義はすべての文化に属する人々が出会い、共存できる中立的な場を提供できると主張する。しかしながら、テイラーによれば、その場合の、差異を顧慮しない中立的な原則なるものは、実際には、一つの支配的な文化の反映であることが往々にしてある。そうであるとするならば、少数派のあるいは抑圧された文化に属する人々は、多数派のあるいは支配的な文化のアイデンティティへの同質化を強いられていることになる。言い換えれば、諸々の個人や共同体を単一の普遍的な原理のもとに統合しようとすることは、個々の文化集団の独自性や価値の多元性を損ねることにつながりかねないのである。

差異をめぐる政治において、我々が認めることを求められるのは、ある個人や集団の独自のアイデンティティ、すなわち、他のすべての人々からの区別である。まさにこの区別こそが無視され、曲解され、支配的なあるいは多数派のアイデンティティへ同化されてきたというのが、その思想である。そしてこの同化は、真正さの理念に対する重大な罪なのである。(20)

では、異なる文化的アイデンティティを持つ者同士が互いを承認しあうとは、どのようなことなのか。中立的な自由主義は、自由や平等という普遍主義的な理念を掲げるが、それは、法や制度による形式的な相互承認を担保するにとどまる。しかし、人が人を理解するためには、当人を、たんなる法や制度のもとでの人間一般としてではなく、歴史や文化などの特殊な背景を負った具体的な人間として理解しなければならない。つまり、テイラーがめざす「承認をめぐる政治」の主眼点とは、一定の歴史的、社会的、文化的な背景を持つ、具体的に「状況づけられた主体」間で成り立つ実質的な相互承認なのである。こうしたテイラーの姿勢のうちには、彼がヘーゲル研究から汲み取った、「状況づけられた主体」の探求、社会の同質化への抵抗と多元性の擁護といったモチーフが、息づいている。

それでは、互いの異なる価値観や生き方それぞれに平等な価値があることを承認しあうには、どのようなことが必要なのだろうか。テイラーによれば、たんに差異があるということそれ自体は、それらの価値が平等であることの基礎とはなりえない。たとえば、男性と女性が平等なのは、両性に差異があるからではなく、そうした差異を超えてはるかに価値ある何らかの共通の性質、あるいは互いに補い合う性質があるからである。つまり、双方が差異の相互承認へと歩み寄るためには、価値についての実質的な合意がなければならず、またそのためには、お互いが何らかの「重要性の地平」を共有しあうことが必要となる。[21]

しかしここで疑問が生じる。異質な文化に出自をもつ人間同士は、共有しあう「重要性の地平」を持たないからこそ、相互の誤解や対立が深刻になるのではないか。テイラーはこうした困難を十分に承知しつつ、つぎのように語る。たしかに、自らの拠って立つ地平を自明なものとしつつ、それによって他の文化を測ろうとするならば、自文化中心主義に陥ってしまう。それは相互の誤解や対立を深めてしまうだろう。それゆえ、テイラーによれば、必要なのはハンス・ゲオルク・ガダマー（Hans-Georg Gadamer, 1900-2002）の解釈学でいう「地平の融合」[22]が自他のあいだで生じることである。それは、すなわち、他者や他の文化と対話を重ねるなかで、より広い価値を持つ新たな地平が発見され、既存の自己理解が書き換えられること、そして、他者への偏見や自文化中心主義が捨て去られ、互いに対して敬意の念が抱かれるような開かれた態度が生じることを含意している。これこそ、テイラーの多文化主義がめざすところであり、彼はこうした可能性のうちに、たんに形式的な中立を追求するのではない、新たな自由主義のあり方を模索するのである。

おわりに

以上の各論を踏まえれば、テイラーの哲学的営為をつぎのように総括することができる。それは、自己のアイデンティティを他なる存在と相関するものとして、特定の言語・文化・歴史に根ざす状況づけられたものとして、しかも異質なものへと開かれた可変的なものとして定義づけようという努力である。

テイラーは、優れたヘーゲル研究を発表しつつも、けっしてヘーゲル主義者とはならなかった。「状況づけられた主体」の基本構図を描こうとする彼の人間学の議論、西洋近代のうちに根ざす「善」の理念を掘り起こし、それを再生しようとする彼の道徳文化論、また、異なるアイデンティティを持つ者同士の対話と相互承認を求める方向へと進む彼の多文化主義の議論は、おもに哲学的解釈学の方法に依拠して行われている。しかしながら、彼が取り組んでいる問題はきわめてヘーゲル的である。それは、近代という時代に特有な個と共同体の対立・緊張関係を適切に把握し、両者を和解へと導く理路を探るという課題である。それゆえテイラーの思索は、ヘーゲル哲学が現代においてなおアクチュアルな問題提起でありえていることの証左を示すものだといえる。

推薦図書

中野剛充『テイラーのコミュニタリアニズム——自己・共同体・近代』勁草書房（二〇〇七年）。

チャールズ・テイラー、ハーバーマスほか『マルチカルチュラリズム』佐々木毅ほか訳（岩波書店、一九九六年）。

チャールズ・テイラー『ヘーゲルと近代社会』渡辺義雄訳（岩波書店、二〇〇〇年）。

チャールズ・テイラー『〈ほんもの〉という倫理——近代とその不安』田中智彦訳（産業図書、二〇〇四年）。

チャールズ・テイラー『自我の源泉——近代的アイデンティティの形成』下川潔ほか訳（名古屋大学出版会、二〇一〇年）。

第2章

変革的主体の形成――ルカーチの物象化論

はじめに

ハンガリーの哲学者ジェルジ・ルカーチ（Georg Lukács, 1885-1971）の主著『歴史と階級意識』(1)の主題は、近代資本主義社会を貫く「物象化」という社会の形態を分析しながら、同時にこうした社会に対する変革的形成を論じる点にある。ルカーチは、物象化を、一方ではあらゆる不正義を出来する、克服されるべき構造と見なすと同時に、そうした物象化そのものが産み出すプロレタリアート（労働者階級）という主体によって物象化が克服される可能性をも見いだそうとしている。

ルカーチは、変革的主体の形成という課題を、彼がプロレタリアートに与える「同一の主体―客体」（das identische Subjekt-Objekt）という規定との関連で果たそうとしている。この規定を明らかにするには、まずは、ルカーチが「第二の自然」と名づけた商品社会における物象化の現象と、それに対決するプロレタリアートの意識を概観する必要がある。ついで、アクセル・ホネット（Axel Honneth, 1949-）によるルカーチの物象化論の再構成(2)と、それに対する二つの批判を分析することで、ルカーチの先述の概念を検討するにあたって必要な論点を取り出す。そのうえで、ヘーゲルが『精神現象学』の理性章において展開した「事そのもの」を分析して、ヘーゲルの立場から、ルカーチが展開した主体形成論に関する問題の所在を明らかにしたい。

1　ルカーチの物象化論

一九二三年に刊行された『歴史と階級意識』所収の論文「物象化とプロレタリアートの意識」のねらいは、物象化という概念をもとに社会を分析すると同時に、社会に対する変革的意識を形成するプロレタリアートの意識の意義を論じることにあった。こうした構想は、マルクスの資本主義分析とウェーバーの合理化論を現状分析の導きの糸としつつも、(3)カント、フィヒテ、ヘーゲルといったドイツ古典哲学の思想家との対決をもくろんでいた。そこでルカーチは、商品化が進んだ資本主義社会において、「計算可能性」という原理が学問にまで貫通していることを明らかにし、この成果を思想史的な観点から跡づけ、数学を方法論的な範型となすカント哲学を乗り越えて、ドイツ古典哲学の議論をとらえ返そうとしている。そのうえで、プロレタリアートの意識の意義がヘーゲル哲学への批判的な分析から導き出される。(4)ドイツ古典哲学の系譜をめぐる議論のなかで、ルカーチがヘーゲルに対していかなる評価を与えていたのかではなく、以下ではルカーチによるプロレタリアートの意識の分析に焦点を絞りたい。というのは、物象化と主体形成の連関こそ、ルカーチがヘーゲルにもっとも接近すると同時に、ヘーゲルからもっとも離れる地点であり、したがって、ヘーゲルの立場から再考されるべきものだからである。

ルカーチによれば、物象化を引き起こす商品フェティシズムの特徴は、それが社会的な物質代謝のたんなる局所的・個別的な現象ではなく、むしろ、あらゆる社会的な営みを普遍的に貫通する点にある。したがって、こうした「商品形態の普遍性」(GuK, 175) のゆえに、物象化という現象は、客体のみならず主体そのものにおいても現れてくる。そして、主体と客体の双方において成立する物象化の原理とは、「計算、つまり計算可能性へと方向づけられた合理化」(GuK, 177) となる。

合理化にもとづく商品化の貫徹に固有な「主体のふるまい」(GuK, 171) としてルカーチが指摘するのは、のちにホネットが着目することになる「静観」(GuK, 179) という態度である。この「静観」と互いに媒介しあうものとして、商品化、すなわち物象化の貫徹した社会関係は、「自然法則性」(GuK, 183) をもって成立する。つまり、こうした社会関係を作り出す主体とは独立に、それ自体の固有の原理のもとに運動するものとなる。そして、主体とはかかわりなく、それ自体で自己運動する社会的関係をまえにして、主体は、社会的な関係と自分自身の関係との視座を消失して、たんに機械的ないし形式的な合理性を通じて、この関係に適応するかたちでふるまうことしかできなくなってしまう。

こうしたなかで、ルカーチが暴き出そうとする矛盾は、プロレタリアートが対決する、主体の活動の所産と、匿名化し自然化された社会構造との対立である。ルカーチは、主体が作り出したにもかかわらず主体とは独立して運動する客体を、無媒介に与えられたものとしてではなく、ヘーゲルにならって、歴史的生成の観点から明らかにしようとする。

ここで注目したいのは、プロレタリアートとブルジョアジーにとって、「社会的存在の置かれている客観的な現実は、直接的には同じもの」（GuK, 269）であるにもかかわらず、プロレタリアートには「同一の主体－客体」（GuK, 267）という規定が与えられる、ということである。それはつぎのような理由による。

物象化の基本構造は、プロレタリアートの労働関係にのみ、きわめて明確になり、意識される。とりわけ、プロレタリアートの労働は、直接的に与えられた形態において、すでにありのままの抽象的な商品という形態をとっている。これに対して、そのほかの形態では、この構造が「精神的な労働」とか「責任感」といった、見かけによって隠されてしまっている。（GuK, 300）

社会関係を貫く物象化の構造は、客観的存在としてふるまうというあり方をとっている、つまり、自分に属するすべての契機が商品と化している、プロレタリアートにおいてのみ自覚されるとルカーチは述べている。プロレタリアートにとって、個性は、商品のシステムにおける「ミスを引き起こす源泉」（GuK, 178）でしかありえず、したがって、プロレタリアートは、個性を排除した徹底的に計量可能な量としてふるまうことしかできない。

物としてふるまうことしか許されない、このような主体の構造は、物象化という原理に貫かれた社会そのものの構造にほかならない。言い換えれば、主体を客体化する物象化による否定的な媒介そのものが、逆説的にプロレタリアートの主体性を成立させていることが明らかにされる。

> 労働者の定在の純粋に抽象的な否定性は、客体として、物象化の典型的な現象形態や、資本主義社会の構造的な範型であるだけではない。むしろ、この否定性は、主体として、資本主義社会の構造が自覚され、それゆえに、実践的に打倒されることのできる場なのである。(GuK, 301)

プロレタリアートが、自分の個性をすべて否定することしかできないことで、物象化という客体的な構造が展開されている。物として自分を売り渡すことでしか生活することができない主体、つまり「みずからの意味づけを超える物象化された諸関係のもとでの実践を強制された〈主体〉」[5]によって、物でしかない客体的システムが成立して進展している。物としてしか生きることができないのは、主体的な「責任感」があるからではない。そうではなく、そうするしかない社会構造のなかに生きているからである。このようにしてルカーチは、「同一の主体−客体」という存在構造をもつプロレタリアートを、逆説的に変革的主体として立ち上げようとする。

2 ホネットによる承認論的再解釈とその欠陥

ルカーチは、「同一の主体－客体」という枠組みを用いて物象化の貫徹のうちに変革的主体の形成を理論化しようとした。それに対してホネットは、合理化の所産としての「静観」というルカーチの洞察を継承しながらも、これに承認論的再解釈を施すことによってルカーチを現代に生かそうとする。ルカーチは、自然法則を伴って進行する客体的な社会構造と主体のふるまいとの相関を追求したのに対して、ホネットが模索したのは、静観とは異なったかたちでの人間同士の関係である。もとより、ホネットとルカーチの問題設定は、「静観」とふるまいという以外には交差しないとされるが[6]、本節で見ていくように、ホネットのルカーチ受容に対してなされた批判を検討することで、ルカーチの理論をも批判的にとらえ返すための重要な論点を取り上げることができる。

ルカーチの「静観」概念を継承しつつ、ホネットは、この概念を「認識」になぞらえていく。認識の特徴は、主体や客体のパースペクティヴから切断された形式的な合理性にもとづく点にあり、こうした認識の分析は、たんなる静観にとどまらず、人を物として扱う不正義を告発するための準備となる。ホネットによれば、相互のパースペクティヴを受け取りあう「承認」こそが、人間にとって本来的なものである。「承認は認識に先行する」(V, 53)。これが「承認の優位」と呼ばれるテーゼである。

こうしてホネットは、「本源的承認」あるいは「基礎的承認」という表現を繰り返して、承認があくまでも形式合理性に先行することを強調する。そのさい、なぜ物象化が生じるのかという問いに対して提示されるのが、「承認の忘却」としての物象化というホネットのテーゼである。いかなる主体にとってであれ、まずは間主観的な媒介関係における承認が成立しており、そこでは静観や知覚、認識といったふるまいとは対極の「同感」という態度が成立している。しかし、こうした本源的なものが忘れられることで、人格と人格の関係は物と物との関係になってしまう、というのである。

ホネットは、承認が忘却される原因を二つに分けて分析している（V, 70f.）。一つは、主体の内面的な条件にかかわり、つまり、目的へ到達することが優先されるために、人間への関係が後退してしまうというものである。たとえば、テニスに熱中しすぎて相手が自分の親友であることを忘れてしまう場合である。もう一つは、承認を忘却するどころか拒絶するような思考の図式へと社会的な媒介による強制を通じて、差し向けられている場合である。この点については、ホネット『物象化』の最終章において、わずかながら制度化された行いについての言及が見られるにすぎない（V, 101f.）。

ホネットの物象化批判の特徴は、物象化を人間関係のレベルで考察することで、それが本来的な人間関係の忘却によることを明らかにした点にある。本源的承認関係に一挙に還帰したがゆえに、ホネットがルカーチの物象化論が持っていた批判的精神を失っていることはすでに批判されているが(7)、ここではホネットの議論に寄り添うかたちでなされた批判を検討してみたい。

まず取り上げるのは、ホネットはヘーゲルの「自己を物となすこと」という契機をまったく度外視しているという、ディアク・クヴァドフリーク（Dirk Quadflieg）の批判である。[8] クヴァドフリークは、ホネットの功績を間主観的な「承認の優位」に依拠することで、ルカーチの物象化批判の試みを「意識哲学」に陥ることから救う点に見いだしている。だが、こうした功績の負の面として、ヘーゲルが肯定的な意味をもつものとみなし、かつ、テオドール・アドルノ（Theodor Adorno, 1903-1969）においても、「主観の優位」もしくは「主体の優位」を粉砕するものとして機能するはずの「客体化」の契機を、ホネットが見逃している点を挙げている。

ここで興味深いのは、両者の議論のなかでのアドルノの二面性である。ホネットが依拠する「承認の優位」とは、まさにアドルノが『ミニマ・モラリア』で展開した概念であり、物象化に対抗する哲学的な基盤を提供するとされる。これに対して、クヴァドフリークは、アドルノの『否定弁証法』を用いて「自己を物となすこと」の優位を根拠づけようとする。つまり、ホネットとクヴァドフリークは、両者とも自身の見解を強化するためにアドルノに依拠しているが、そこで論じられているアドルノの主張は相反するものである。こうしたアドルノにおける「物」の優位にもとづいて、クヴァドフリークは、そこでルカーチが物象化をはじめから「不自由」なものとしていること自体に疑義を呈している（ZVF, 701）。そのうえでクヴァドフリークは、ヘーゲルの初期のテクストにさかのぼることで、「自己を物となす」ことのもつ積極的意味を「交換」から読み取ろうとしている（ZVF, 711）。「労働」

を意味する「自己を物となす」ことに対してヘーゲルが重要な意味を与えていたことからわかるように、物象化をもっぱら否定的なものとしてとらえることが一面的であるという指摘は正しいようにも思われる。

とはいえ、クヴァドフリークにあっては、こうした物象化のもつ積極面にもとづいた自由は、あくまで構想にすぎず、ルカーチが明確に暴き出した物象化の否定的な契機だけでなく、ホネットが告発する物象化のもつ不正義がその自由の構想によってどう分節化され直すのかという問いへの答えですら不分明なままである。クヴァドフリークが、ルカーチの告発した資本主義社会のはらむ矛盾を無視して、肯定的な側面だけを一面的に強調しても、それは、物象化の否定的な契機のみを強調するのと同様に、不十分である。しかも、「交換に内在する規範の追求」というクヴァドフリークの出す結論は、クヴァドフリークが批判するホネットが提示した、法は物象化を逃れられるという見解と結局のところ変わらない。ルカーチとホネットの最大の違いも、ルカーチが商品交換を全体化しているというホネットの批判にある。ホネットは、法の領域は商品交換の内部での規範を保証するものであって、物象化の影響を受けないとして、ルカーチの難点を指摘する（V, 91f.）。だが、リュディガー・ダンネマンが指摘しているように、そもそも法の領域に物象化からの逃げ道を求めることがもはや不可能であること、つまり、合理化に伴う物象化が法の領域にも不可避的に侵入することこそ（GuK, 206）、ルカーチの主張にほかならない。(9)

つぎに検討するのは、ホネットが物象化に先行するものとして提示した承認の地位にかかわる、ジュディス・バトラー（Judith Butler, 1956-）による批判である。[10] バトラーは、ホネットがヘーゲルの承認論のもつコンフリクトの契機を無視していることをヘーゲルの「生死を賭けた闘争」概念をもとに指摘し、コンフリクトをはらむ承認そのものにおいて、ホネットが物象化に帰するような事態が生じることを明らかにしている。それによれば、ホネットが物象化に対置する承認とは、実のところ、コンフリクトを通じてのみ可能であり、つねに他方の人格を毀損する必然性を含んでいる。つまり、バトラーはホネット同様に、あらゆる人間にとって承認が不可欠なものであるとしながらも、自分の存立にとって不可欠な承認という契機そのものが自他を傷つけあう必然性を強調する（BA, 113）。自己喪失ならびに他者を毀損することの必然性を内包すると同時に主体の成立にとって不可欠なものとして承認を理解する点で、主体の脆弱性を見いだそうとするバトラーのヘーゲル理解は、首尾一貫している。[11] それゆえ、承認という契機において仮に物象化とは異なる共感という関係が成立していたとしても、そこに立ち返るべきであるという想定そのものは、バトラーによれば、あくまでも「素朴な神話」（BA, 121）にすぎない。

ホネットは、中立的な認識に対して、感情のレベルでの同感と承認の関係が先行することを提示し、中立的な認識が実のところ副次的なものであることを暴いた。こうした議論は、しかしながら、承認をあらかじめ得られているはずのものとして本来化して固定してしまう。そしてこのことで、承認自体のもつあやうさを隠蔽してしまうことになる。バトラーの批判の核心は、物象化を告発するためにより根源的なものを尺度にするホネットの戦略それ自体が、実のところは、物象化を逃れきれていないということである。にもかかわらず、こうした素朴な神話を物象化に強硬に対置しようとすれば、承認は物象化の忘却であるといわざるをえない。ホネットが物象化に対峙するにあたって提示する「本源的承認」は、それが不当に実体化されてしまうかぎり、規範として適切に機能することは不可能なのである。こうした承認の実体化は、ホネットが初期の著作、たとえば『承認をめぐる闘争』において、承認を絶えず「コンフリクト」という観点から理解しようとしていたことからすれば、理論的後退といわざるをえない(12)。

3　ヘーゲル『精神現象学』の「事そのもの」

ルカーチは、物象化の貫徹のうちに変革的主体の逆説的な成立の可能性を見て取ろうとした。これに対して前節では、ルカーチのこの試みを現代化しようとしたホネットの試みに対する批判のなかで浮かび上がってきた問題を概観してきた。本節では、これまでの考察を踏まえて、ヘーゲルが「事そのもの」という概念を用いて意識と物との関係を描いた『精神現象学』の理性章の「精神的な動物の国、だまし、あるいは、事そのもの」に着目することで、あらためてルカーチの構想をとらえ返すこ

とにしたい。(13)

ルカーチの『歴史と階級意識』とヘーゲルの関係について論じるにあたって問題にされてきたのは、ルカーチのヘーゲル主義を評価するにせよしないにせよ、ヘーゲル哲学の援用の方法論的な当否であった。(14)ルカーチは、ヘーゲルの「歴史的生成」や「媒介」といった概念の助けを借りつつ、プロレタリアートの意識のなかに革命的性格を読み取ろうとしていたのであった。これに対して、ヘーゲルの「事そのもの」という概念が興味深いのは、『歴史と階級意識』から二十五年後の一九四八年に出版された『若きヘーゲル』(15)において、この概念がヘーゲルによる資本主義的商品社会の分析と推定されているからである(DjH, 610)。(16)ヘーゲル自身、「事そのもの」を「個人の行為や状況、手段、現実といったこととは独立に、端的に持ちこたえて持続するものとして経験されるもの」(GW 9. 223)と定義しているように、ヘーゲルの論述においても、「事そのもの」は、意識の「仕事(作品)」(Werk)でありながらも、さしあたり意識に対立し、それとは独立した原理で運動するものとして論じられていることがわかる。

第1節で見たように、ルカーチが物象化を実践的に克服するものとしてのプロレタリアートに与えたのが「同一の主体–客体」という規定であった。ルカーチは、ヘーゲルの「事そのもの」をめぐる議論に、「同一の主体–客体、実体となる主体、外化とそれを主体へと取り返す傾向といった、原現象」(DjH, 610)が描かれていると述べ、「事そのもの」についてのヘーゲルの考察の結論が示されるつぎの箇所を引用している。

> 意識は、個人の行為や状況、手段といった契機のいずれとしても主体ではなく、むしろ普遍的な事そのものにおいて解体してしまうことを経験する。無思想な意識によれば互いに主体として通用していた個人の諸契機は、この個人として同様に普遍的でもあるような単一な個人のうちでまとめられる。このようにして、事そのものは述語という相関および生命なき抽象的普遍という規定を失い、むしろ、個人によって浸透された実体となる。事そのものは、個人が個人そのもの、あるいは、この個人として存在すると同様にすべての個人としても存在するような主体である。そして、事そのものは、万人の行為としてのみあるような普遍であり、この意識が自分の個別的な現実ならびに万人の現実として知っているという点では現実である。(GW 9. 227f.)

ヘーゲルが「事そのもの」をめぐる分析の結論として提示したのは、述語としての「事そのもの」が主語としての「事そのもの」になることである。述語としての「事そのもの」とは、さきの定義にあるとおり、個人的な契機がすべて消え去ってしまう対象的な現実であり、個人としての意識による仕事の偶然な経験を超えて成立するものである。ここに、個人的な契機が抽象的な普遍に貫かれた対象的現実のうちへ消え去ってしまうという、ルカーチのいう物象化の契機がある。そして、こうした物象化の進行を通じて、個人的な意識は社会的な客体へと廃棄されることになる (DjH, 615)。

しかし、さきの引用には、個人が社会的な客体へと廃棄されるのとは逆の方向も含まれている。それは、社会的な客体、つまり抽象的な普遍としての「事そのもの」が、個人としての主体になるという契機、すなわち、主語としての「事そのもの」の契機である。引用文中の「無思想な意識」とは、客体的な現実に消え、物象化されるのとは別の契機を持ち出して、消えない自分の本当の個性に固執しようとするものである。ここにホネットのいう本源的承認を思い浮かべてもよい。これに対して、客体的な現実である「事そのもの」へと消えてしまわない契機はもはや存在しないという意識ないし自覚によって、客体的な現実が主体になるというのが、主語としての「事そのもの」が意味するところである。つまり、個人としての自分のうちには疎遠な客体的現実とは独立した自分だけの契機があるという無思想さ、ないしは、無思想さにもとづく見せかけの主体が打ち砕かれることで、逆説的にも「事そのもの」を主語＝主体としてとらえることができるのである。こうして、個人としての自分が疎遠な対象的現実を貫く普遍性に消えていくという、ルカーチのいう「個人的な意識の社会的な客体への廃棄」すなわち、主体の客体化とは別の側面である、客体の主体化の側面が見いだされる。

主語としての「事そのもの」の契機を踏まえてはじめて、ルカーチが「同一の主体－客体」として提示したプロレタリアートの主体形成と物象化の関係をとらえ返すことができる。第1節で見たように、ルカーチにおいてプロレタリアートの意識がブルジョアジーの意識と区別されるのは、自分のすべての要素が客体化され、そこに個人としての自分を見いだすことができないという、徹底的な疎外状態に置かれていることに対する自覚の有無にあった。プロレタリアートが物象化に自覚的であるのに対して、ブルジョアジーはそれに無自覚なのである。この意味で、ルカーチによるプロレタリアートの意識の構想は、ある面では、ヘーゲルの立場から是認されるといえる。それは、意識は自らが個人的に持っていたはずの契機をすべて失うことによって、逆説的に、社会構造の主体であることを自覚することができるからである。物象化された商品社会は、すべてを失い客体と化すプロレタリアートという主体のふるまいそのものであり、したがってまたその所産にほかならない。

しかし、問題はここからである。ルカーチは、こうしたプロレタリアートの意識が、商品的な社会構造そのものを変革することができると考えていた。しかし、こうした商品社会の構造が「同一の主体―客体」であるプロレタリアートとは無関係ではなくなるということ、つまりプロレタリアートの自己解体によって、「第二の自然」としての商品社会の自然性という地位が逆説的に解消されるということと、もはや自らと独立したものではない商品社会を別様の社会へ変革することとを直結させることはできるのだろうか。プロレタリアートの意識を「歴史の創造者」として称揚しつつ、ルカーチは、「社会の変容はプロレタリアートによる自由な行為によるものでしかありえない」（GuK, 355）と述べて、論文「物象化とプロレタリアートの意識」を締めくくっている。しかしそうはいっても、徹底的な自己解体によって、あるいは徹底的な自己解体そのものがプロレタリアートの意識の地位を保証するものである以上、いかなる自由が構想されうるのか、もっといえば、本当に自由な行為が構想されうるのかといった問いが提起されざるをえない。

もしここでいう自由がプロレタリアートの客体化とは別の次元に置かれたものであれば、そのように自由に行為するプロレタリアートは、もはや「同一の主体―客体」という地位を失うことになる。にもかかわらず、ルカーチは、意識のうえでの物象化の克服と、そうした社会構造そのものの革命的な転覆を、「自由」の一言で結びつけてしまっている。しかしながら、「事そのもの」についてのヘーゲルの洞察は、自分とは独立した原理で運動する客体的社会の外部にはいかなる個人的な契機もないという自覚を通じて、客体的世界の疎遠な普遍性を主体としてとらえ返すことであり、これこそ、物象化を通じた自己解体の肯定的側面であった。たとえばこれについてロバート・フェヒナーは、物象化されない残滓を追求した点で、ルカーチがマルクスとヴェーバーとは異なる問題構成を立てていると主張するが、こうした想定は、「同一の主体―客体」の問題構成を棚上げするというフェヒナー自身の方法論的前提によってなされているにすぎない(17)。

ルカーチ自身、「媒介」とは、対象の客体的な構造そのものを明らかにすることであるとして、このカテゴリーの重要性を説いていた (GuK, 287)。ルカーチにとって媒介が重要であるのは、まさにそれが、主体のふるまいと客体的な世界のありようとが無関係ではありえないという自覚にいたらせるからである。この意味で、客体化によって逆説的に主体となるプロレタリアートの意識がもつ「同一の主体―客体」は、直接的で無媒介な同一性の構造をもつのではない。客体的な世界の拒否できない要請に沿って自らを商品化することによってしか生活しえないという、否定的な媒介を通じてこそ「同一の主体−客体」が成り立つのである。しかしながら、こうしたプロレタリアートの自己意識を、社会全体の運命を担うものとみなしたルカーチがプロレタリアートの自由な行為を称揚しはじめた途端に、否定的な媒介が忘却されて主体と客体の同一性は無媒介なものにならざるをえない。

商品の分析としての事そのもの論というルカーチのヘーゲル解釈を共有したとしても、むろん、ヘーゲルの事そのもの論において意識を物象化へと駆り立てる具体的な資本主義のシステムが描かれているわけではない。その意味では、ヘーゲルのテクストから「否定的な媒介」ということばの含意を、具体的なシステムに即して読み取ることは簡単ではない。しかしながら、問題は、ルカーチが読んだヘーゲルの資本主義分析の抽象性にあるのではない。問題はむしろ、ルカーチが、物象化の貫徹における「同一の主体−客体」としてのプロレタリアートの成立と、そうした主体による物象化の克服そのものを無媒介に接続してしまった点にある。ルカーチ自身は、こうした媒介の問題について、組織論における党の役割を踏まえた考察を行っているものの、そこではむしろ「自由」は否定的なものとして扱われている(18)。ルカーチは「世界革命への客観的条件はもうそこにある。足りないのは意識だけだ」という「ヘーゲル主義のテーゼ」を立てたとして批判されるが(19)、少なくともヘーゲルの事そのもの論からは、意識しさえすれば革命が起こるというテーゼは出てこない。

ヘーゲルが意識の課題としたのは、一見して疎遠なものと意識自身との媒介関係を反省的にとらえ返すことであり、主体の核心として否定的な媒介を自覚することである。その媒介の自覚とは、自然法則に従うように見える疎遠な対象的な現実のなかに、いかに自分が取り込まれ、また自分によってそうしたものが生み出されていたのかについての二重の媒介関係の自覚にほかならない。ここに、ヘーゲルとルカーチにおける物象化の肯定的な契機がある。しかし、肯定的な契機をたちどころに自由な変革的主体に転じてしまうと、もはやこの主体は「同一の主体－客体」であることはできない。この二重の媒介を、根拠を欠いた自由で代用することはできないのである。(20)

おわりに

最後に、本章の議論を振り返りつつ、あらためて問題の所在を確認しておきたい。

第一に、バトラーのホネット批判からもわかるように、匿名性を帯びた「事そのもの」の成立をまえにして「事そのもの」とは異なる次元で本来性を提示したところで、対象である現実が自分のものとなるわけではない。つまり、真の人間的な実践なるものを「事そのもの」に直接的に対置することで、物象化された社会関係の匿名性を克服することはできないのである。

第二に、匿名の「事そのもの」が意識において主語となることは、ルカーチがプロレタリアートの意識の機能として適切に指摘したように、匿名の社会関係がほかならぬ自身のふるまいや仕事によって創造されたもの、つまり、もはや自然法則に従ったものではないことの自覚をもたらすという意味で、肯定的な意味をもつ。ここで意識が変わるのは、匿名化した疎遠な社会関係が本来の、あるいは哲学的に見てより真なる社会関係から見直して非本来的であるとか、意識が誤謬に陥っていることによるのではない。反対に、意識をほかでもなくそのようなふるまいに陥れるこうした社会関係による媒介を自覚するという意味で、意識が変わるのである。

しかし、第三に、媒介の自覚をもたらすという点に見いだされる物象化のこうした肯定的側面は、匿名を帯びた疎遠な社会構造そのものの変革と安易に混同されてはならない。あくまでも自己解体によって逆説的に保証されるプロレタリアートの意識の「同一の主体−客体」としての地位は、自由な行為にもとづく変革へと単線的には結びつけられえない。この問題は、物象化に内在した変革的主体の生成というルカーチの構想を継承するにあたって避けて通れないように思われる。

推薦図書

高幣秀知『ルカーチ弁証法の探究』(未來社、一九九八年)。

アクセル・ホネット『物象化』(辰巳伸知・宮本真也訳、法政大学出版局、二〇一一年)。

ジェルジ・ルカーチ『若きヘーゲル』(生松敬三・元浜清海・木田元訳、白水社、一九八七年)。

ジェルジ・ルカーチ『歴史と階級意識』(城塚登・古田光訳、白水社、一九九一年)。

Rüdiger Dannemann, *Das Prinzip Verdinglichung. Studie zur Philosophie Georg Lukács*, Frankfurt am Main: Sendler, 1987.

第3章

哲学は宗教を克服するのか――現代哲学の脱宗教化

はじめに

ヘーゲルの同時代人であるドイツの文豪ヨハン・ヴォルフガング・ゲーテ（Johann Wolfgang Goethe, 1749-1832）は、『ヴィルヘルムマイスターの修行時代』（一七九六年）の「美しき魂の告白」と題された第六章のなかで、「叔父」と「私」とが交わしたつぎのような会話を記している。

「自分の道徳的な本性へと純粋に向かうことを最高の欲求にしているおまえが、大きな、大胆な犠牲を払う代わりに、家族や、旦那さまになったかもしれぬ婚約者にはさまれて、なんとかやりくりをして生きていたならば、永遠に自己自身と矛盾し、満足したときを享受することはけっしてできなかっただろう。」

私はそこでつぎのように返した。「あなたは〈犠牲〉ということばをお使いになりましたが、私が幾度となく考えてきたのは、あたかも神のためであるように、より高次の目的のために、自分にとって大切なものであっても、より卑しいものを私たちがいかにして犠牲として供するか、ということです。それも、かわいがっている羊を尊敬する父親の健康のために祭壇に喜んで捧げようとするようにです。(1)」

「私」の返答に対して、さらに「叔父」のことばが続く。「私たちに、あるものを他のもののために捧げさせたり、他のものよりもあるものを選ばせたりするものが、知性であったとしても感情であったとしても、人間にとってもっとも尊敬に値するものは、私からすれば、決断と結果なのだよ」。この何げない会話のなかで問題にしたいのは、「私」の注意をひき、自分でも幾度となく考えたという「犠牲」という語の用法である。

ここでは、祭祀において捧げられる物には「犠牲」という用語を、物を捧げる行為そのものには「供犠」という用語を使い、まずは、「犠牲」ということばの使い方から見ていこう。

「犠牲」という語の用法は、古くは、古代ギリシアの哲学者プラトン（Platon, BC.427-BC.347）にまでさかのぼることができる。(2) その『定義集』には「犠牲。神に捧げる贈物」とあり、『饗宴』にもつぎのように書かれている。すなわち、ソクラテスを哲学へと導いたダイモーン、エロースこそが、「神々からは人間のものを、また人間へは神々からのものを伝達し送り届けます。つまり、人間からは祈願と犠牲を、神々からはその命令とさらには犠牲の返しを。そして、これら両者の真中にあって、その空隙を満たし、世界の万有が一つの結合体であるようにしている者です」。

ゲーテの創作した会話の用法と、プラトンによる一見当たり前の定義とを比較すれば、前者には、現代の私たちに先立って、すでに犠牲を捧げる先の「神」の価値が、人間のめざす現実的な目的と等価なものとみなされているのがわかる。たしかに、「私」は選択の原理を説明するのに神への供犠の原理を借用しているにすぎない。しかし、ゲーテが「叔父」の口を通して、ここで明確に、犠牲ということばを使用するときにもっとも重視しているのは、人生において追求するに値する目的へと向かう「決断」である。神への奉仕ではなく、人間的な「結果」を尊重すると述べていることに、注意を払う必要がある。これは明らかにプラトンとは異なる視点だからである。

つぎに、「犠牲」ということばをめぐる人間的な意味の転換について、現代社会における哲学的宗教論の特質から見ることにしよう。

1 「犠牲」とは何か

現代において宗教と世俗を架橋しようとするハーバーマスによれば、今日の社会は、「ポスト宗教的」な状況にある。(3) いわゆる「言語論的転回」によって哲学的な思考の場が伝統的な意味での超越的な存在者から言語へ移動した。言語は、私と他者を結びつける力であり、この具体的な話者たちから相対的に独立した存在である。ハーバーマスもまた、そのような存在としての言語に着目していったのも自然なことであったといえよう。人間には共同体を成立させる力が内在し、主体間をとりもつような「主観を超越する力」としての言語があるから、倫理的な自己理解は神の啓示によるのではなく、共同体によって獲得されるしかない、とハーバーマスは述べている。

たしかに、ハーバーマスがたどりついたこの境地は、初期ヘーゲルについての研究によるところが多いだろう。(4)しかし、彼は、神のうちにではなく、人間自身のうちに共同体を確立する能力を見いだすのであって、その能力を宗教をも含むヘーゲル的な哲学体系のうちに位置づけるわけではない。その能力の発現形態としての言語を用いた交通において、倫理を賄う可能性を考えていく。この思考方法が、ゲーテの語る「叔父」の考えから遠くないことも容易にわかる。

現在のことばづかいからすれば、私たちは、日常的に、他の目的のために断念されたものを「犠牲」と呼ぶとしても、神に向かって祭壇で捧げ物をするというイメージを傍らに置いているわけではない。むしろ、そのようなイメージは不要であると考えるのが実情かもしれない。そこからさらに、別の何かのためにという目的連関をも捨象して、不慮の死を遂げた者をただちに「犠牲者」と呼ぶことも許されているように見える。このように見れば、なるほど「叔父」のことばは、犠牲の原理を行動の原理として換骨奪胎しながらも、現代よりもよほど正当な使用法のうちにあるのかもしれない。とはいえ、この用法の変化が何を意味するかについて考察することは、重要な課題である。

ここで、ハーバーマスの『自然主義と宗教の間』における発言を見ておこう。そこでは、宗教と世俗の分極化に関する自分の立場を、ハーバーマスはつぎのように述べている。

私は宗教と世俗のこの対立のなかで、偉大な宗教は理性の歴史そのものに属している、というヘーゲルのテーゼを支持する。形而上学と結びついた宗教的伝統を自分の系譜に数え入れなければ、ポスト形而上学的思考は自分自身を理解することができない。こうした前提のもとであれば、あの「強力な」宗教的伝統を現代の思考形式と結びつける内的連関を明らかにせずに、その伝統をいわば古代の残余として払いのけることなど、非理性的なものとなるであろう。宗教的伝承は、欠けているものについての意識を今日まで分節化してきた。宗教的伝承は断念されたものへの感受性を生かしつづけている。この伝承が忘却から守っているものは、文化的かつ社会的合理化の進展がなおも尽きることのない〔＝無底の〕破壊を行っている、私たちの社会的であると同時に個人的でもある複合的な生の次元である。宗教的伝承はいまもなお、秘められた意味論的可能性を保持していないはずはないのであって、この意味論的な可能性は、宗教的伝承が根拠づけする語りへと変容されてその世俗的な真理の内実から解放されてはじめて、人々を鼓舞する力を保持しうるのである。(5)

このようにハーバーマスは、宗教を見据えるヘーゲル的な視点に立って、現代のあるべき思想の姿を規定している。今日の哲学は自らが築いた形而上学をも疑わざるをえず、これに無条件に依存することを自らに禁じている。しかし、こうした地点に身を置いているにもかかわらず、哲学はそれ自身がこれまでの伝統から生成してきたことを知らなければならない。反対に、宗教的伝承は、今日までの思想の系譜を作成するための資料をいきいきと保存しているけれども、人々のあいだの言語的交通に耐えうる姿への変貌を求められてもいる、というわけである。

この哲学的課題がどれほど困難なことかは、ハイデガーに対してその終末論的語彙の使用を嗅ぎつけるハーバーマスもまた、(6)尽きることのない「無底」や「断念」(=犠牲)といったドイツ観念論の宗教的語彙を用いざるをえないことを見ればわかる。ただ、公平に見て、何らかの断念という行為は、宗教の側が、共同体の確保のために個別の人間が行う自分の欲望の断念という仕方で積極的に取り組んできたことでもある。市民社会的な欲望、すなわち世俗的な欲望は、宗教の領域に属するものを断念するというよりも、むしろ自らの手持ちのものであらゆるものを賄ってきたというべきであり、つまりこれは、神抜きでやりくりする術を知って自分を拡大させてきたということであろう。

ともあれ、宗教のものであるとして世俗が断念してきた領域を、公共的な言語を使った交通に乗せようとすれば、この交通一般においてひとはある種の障壁に出会わざるをえないであろう。すなわち、個別的な主観性を断念=廃棄するという課題とその困難である。

この対話的合理性は、非強制的に統合し合意形成する討議の威力を伴うかぎり、旧来のロゴスのイメージを想起させる。討議において、参加者は、最初に自らが主観的にとらわれていた見解を、合理的に動機づけられた同意のうちに克服することになる。コミュニケーション的理性は、脱中

心化された世界了解のうちに現れるのである。(7)

主観的なとらわれを取り払って自ら脱中心化するという課題設定そのものが、ドイツ観念論的である。主観的な内容へのとらわれを克服するということは、自己の何らかの断念を意味するからである。実際、この構図は、ヘーゲルが祭祀や供犠について論じるときのものである。ここで、それについての簡便な規定をヘーゲルの『宗教哲学講義』(一八二四年)から引いておこう。

祭祀において、道徳の場合と同じように個別性を否定するという否定的な契機が存在する。けれども、それは自らの主観性を廃棄し断念するという主体それ自身の実践的活動である。そのうえで、この断念という契機は、実定的な宗教においては、具体的には供犠という形態をとって現れる。ここではたしかに、この否定は外的なものにより多く関係しているが、しかし、本質的には内的なものへの関係をもっている。内面的なものが懺悔、清め、告解などのさいにより一層現れるように。(8)

供犠は主観性を実践的に克服する行為である。この外面的な行為は、同時に人間の内面に関係しているのである。この行為はより内面へと深化し、懺悔などの形態へと引き継がれていく。ともあれ、自己の特殊性を捨て去って共同体へと参入するという構図は、ヘーゲルにとっては、何よりもまず供犠という外的な行為において成就されるのである。ハーバーマスの提示したように、哲学の課題として、それ自身がそこから生成した伝統なるものを考えなければならないとしたら、主観の克服という契機から、宗教における祭祀＝供犠へとさかのぼる必要があるだろう。

2 ヘーゲルを取り巻く状況

神の存在証明について、古代ローマの政治家マルクス・トゥッリウス・キケロ（Marcus Tullius Cicero, BC106-BC43）が「万人の一致」（consensus gentium）に訴えたことを引き合いに出して、ヘーゲルは『エンチクロペディー』第三版（一八三〇年）第七十一節でつぎのように記している。

> 思想は現に普遍的であるとしていわれているものを必然的であるとして知ろうとする欲求を持つのであって、この欲求にとっては、「万人の一致」はたしかに満足のいくものではない。しかし、事実がそのように普遍性をもっていればそれで十分な証明となるはずだ、という仮定をしても、神信仰が見られない個人や民族が存在するということを経験するにおよんで、この神信仰を証明するものとして「万人の一致」は放棄されてしまうのである。（GW 20. 111f.）

神が公共的な場において満場一致でその存在を認められたとしても、それが必然的に存在するとみなされることは別である。信仰はこの一致によりどころをもとめることができたとしても、哲学の思考は、神の存在の必然性を問うてしまう。この問いはある意味では、ソクラテス以前の哲学者たちから続く哲学のものである。もっとも、この引用箇所にヘーゲルはつぎのような注を付けている。

無神論と神信仰のどちらがより広まっているかを経験において判別するためには、神一般の規定で満足するかどうか、あるいは、神のより詳細な認識が要求されるかどうかが問題となる。キリスト教世界においては、少なくとも中国やインドなどの偶像はもちろん、同じようにアフリカの呪物についてだけでなく、ギリシアの神々についてですら、そのような偶像が神である、などと認められることはないであろう。したがって、そのようなものを信仰する者は、神を信仰していない、というわけである。反対に、ゼウスらの神々に雲などをあてがったり、ただ神一般だけを主張したりするような詩人と哲学者たちを、古代ギリシアのアテナの人々は無神論者として扱う。重要なのは、潜在的に対象に保持されているものではなく、意識にとって対象から立ち現れるものである。これらの二つの規定の混同を許すならば、人間のもっともありふれた感性的直観であったとしても、宗教であることになってしまう。なぜなら、たしかに、そうした直観のうちには、ということはあらゆる精神的なもののうちには、展開と純化が行われて宗教へと高まる原理が潜在的には含まれているからである。しかし、宗教の能力をもつということと（したがってあの「潜在的」とは能力と可能性を表している。)、宗教をもつということとは別の事柄である。……現代において、無神論への非難が少なくとも現代においてとりわけ少なくなってきたのは、宗教に関する内実と要求が最小限に引き下げられたからであろう。(GW 20. 112)

ヘーゲルの時代にはすでに、カント哲学を引き継いだフィヒテの無神論論争があっただけでなく、宣教師や冒険家たちによって「未開」の地で異文化の民族との遭遇を記録した多くの文書がもたらされ、これらのなかの「無神論」に関する多くの記録が読まれてもいた。このように、「万人」や「普遍性」といわれるもののなかに押し込むことのできない多様な事実が蓄積されつつあったのである。必然性を要求するまえに、「一致」のための土壌がそもそも崩壊していたことになる。さらに、この注では、無神論という衝撃的な形態をもつ民族の「発見」だけでなく、古代ギリシアの「無神論」や、旅行記に記載されたローマ人の無神論者の多さについても言及されている。ヘーゲルがこの文章を記したとき、無神論は非難の対象とはならず(9)、その原因を宗教への要求が減少したためであると分析し、このような状況において、あらためて神の詳細な規定を要求しているほどである。神は万物に宿るのだとしても、対象のうちに神一般なる抽象概念を求めることではなく、感性的な対象からどのような神が意識に現れるかを見届けることが重要なのである。現象に即したこのような思想のあり方は、ヘーゲル哲学の大きな特色である。そのように考えると、言語のうちに、神の存在と同質のもの、すなわち「主観を超越する力」、人々を結びつける作用を見いだすことができるとしても、神と同じ能力と可能性を持つということとは別の問題であるということになるのではないだろうか。

ヘーゲルに大きな影響を与えたものに、ゲーテのほかに、ドイツの哲学者イマヌエル・カント(Immanuel Kant, 1724-1804)には、『たんなる理性の限界内における宗教』(第一版一七九三年、第二版一七九四年)の議論がある。この議論は、宗教への要求が引き下げられていった時代の証言としても読むことができる。その一部を以下で引用し、ヘーゲルの思考の特色をさらに浮かび上がらせることにしよう。カントは祭祀についてつぎのように述べている。

平等の法則に従って何度も反復されるこのキリスト教の教会共同体の刷新、永続、伝播などの祭祀(聖餐式)は、必要があれば教会の創始者の例にならい(それと同時に創始者を記念して)、同じ食卓でともに飲食するという儀礼によってなされる。この祭祀は何か大いなるものを含んでいる。言い換えれば、人々の偏狭で利己的で協調性のない考え方を、とりわけ宗教の事柄において世界市民的な道徳的共同体という理念にまで拡大するような何かを含んでいる。儀式は、この理念のもとで表象される兄弟愛という道徳的心術をめざして、会衆を活気づけるのによい手段である。しかし、この儀式の執り行ないに神が特別の恩寵を結びつけ給うたなどといって賞賛することや、この祭祀は教会のなす行為にすぎないのにそれがさらに恩寵の手段でもあるという教義を信仰箇条のなかに取り入れるといったことも、宗教の妄想であって、しかも宗教の精神に反する作用以外には何も及ぼしえない妄想なのである。(10)

ここでカントが批判しているのは、キリスト教の聖餐式（ミサ）のことである。それは、ともに食卓を囲んで、個別性を取り去って人々のあいだの紐帯を確認する機会ではあるだろう。しかし、それ以上のものを祭祀のうちに認めることはできない。共同性を反復的に確認する訓育以上のものではない、というのである。神との合一や宥和といった思想にすら言及しないうえに、カントは祭祀と恩寵の関係も認めていない。宗教的ないわば慣例を妄想として断じるカント的主体が到達するのは、道徳的心術の転換としての回心であり、その場は堅牢で荘厳な聖堂を擁する外的な「見える教会」ではなく、有限な人間一人ひとりの内にあって外的な装飾を持たない「見えざる教会」である。(11)しかし、デリダが指摘しているように、カントもまたこの道徳という人間的な事柄を論じるさいに、犠牲ということばを重要な箇所で用いている。(12)主観にとらわれた見解を「克服」するというハーバーマスの議論のいわば先駆を見ることもできるだろう。

隣人愛というあらゆる道徳法則のなかの法則は、福音書のあらゆる道徳的戒めのように、人倫的心術をその完全性において表現しており、この心術は神聖性のひとつの理想としては被造物によっては到達できないのであって、したがって私たちがそこへと近づこうと努め、不断の無限なる過程においてそれに等しくなろうと努めるべき原像である。つまり、理性的な被造物がいつの日かそこに到達しあらゆる道徳法則を完全に喜んで遂行することができるようになったならば、彼のうちには、道徳法則から逸脱させるような欲望の可能性がまったく存在しない、ということを意味するであろう。なぜなら、そのような欲望の克服には、つねに主体に供犠を要求するのであり、自己拘束、すなわち、まったく喜んで遂行しないものへの内的強制を要するからである(13)。

ここでは、カントの議論にこれ以上立ち入らないが、道徳について語るさいに、たとえ比喩であったとしても供犠ということばを使用せざるをえないのがわかる。このようなカントに続いたヘーゲル自身もまた、初期の作品『イエスの生涯』のなかで、カント的な道徳の体現者としてイエスを描いたことがあった(GW 1. 205-278)。だがしかし、古代ギリシアの快活な宗教のあり方への憧憬から、祭祀=供犠の具体的な研究を行うことになる。

3 ヘーゲル供犠論の深化

ヘーゲルが改稿を重ねながらも生前に出版することのなかった草稿群『キリスト教の精神』には、つぎのような記述が残されている。

「これは私の体であり、これは私の血である」というイエスの説明は、行為を宗教的行為に近づけるが、それを宗教的行為にしているわけではない。この説明とこの説明に結びつけられた食事の分与という行為は、情緒の一部を客体的にする。イエスとの共同、彼らの相互の友愛、そして彼らの師という中心点における友愛の合一は、たんに感じられているだけではない。むしろ、イエスが皆に分与したパンとワインを、皆に与えた自分の体と血と呼ぶことで、その合一はもはやたんに感じられるだけでなく、その合一は見えるものになっている。(GW 2. 235)

この記述と、前節のカントの祭祀論を比較すれば、その違いは一目瞭然である。もちろんヘーゲルが言及しているのは、カントのことばを用いれば、キリスト教の「創始者」自身の行為そのものであって、カントが言及している実定的な祭祀の場面ではない。制度化された祭祀に対する批判的態度は共有されたうえで、その眼が異なっている。これは、先行する草稿『イエスの生涯』のなかの同じ事跡の解釈と比較したときにもいえることである。右に引用したテクストを書いたときには、ヘーゲルは客体的な行為の主体的な意味を摘出する眼を持っていたのである。ヘーゲルはこのような認識にいたる少しまえに、つぎのような断片を残していた。

ギリシア人は、自然の歓喜に満ちた贈り物によって、花ばなによって飾りたて、歓喜の色で装い、友愛と愛へ誘う開かれたその面持ちで快活さを繰り広げながら、己のよき神々を奉る祭壇へと近づいていった。(GW 1. 110)

イエスも愛と友愛の生ける情緒によって、弟子たちとともになすたんなる行為を宗教的行為へと近づける、とヘーゲルは記していた。ヘーゲルのなかでは、古代ギリシア人は快活さを伴って祭壇へと近づいていった。ヘーゲルはギリシア人に導かれて、供犠の世界へと歩み入ったことになる。

カントは祭祀のなかで客体的に実現される兄弟愛や友愛にすら消極的であったが、ヘーゲルは古代ギリシア人の伝統を引き受けることで、祭祀の客体的側面を積極的に取り入れていく。イエスがそこへと自らの行為を近づけた先には、ヘーゲルの眼差しからすれば、生けるギリシア的祭祀の伝統があったことになる。ヘーゲル哲学は祭祀＝供犠の考察によって大きく変貌していったといえる。

ここから犠牲＝供犠論としての一つの頂点が形成される。そのいわば決算となったのが、『一八〇〇年体系断片』と呼ばれる草稿である。

人間は、物を堅固に所有しようとするならば、それを否定的に表現すれば、宗教の制約を満たさない、ということになるであろう。すなわち、絶対的な客体から解放され、有限な生を超えて、自分を高めるという制約を満たさないことになるであろう。そのような人間は、なおもそれだけで何ものかを所有し、必ず支配に終始したり依存に囚われたままであったりするので、無限な生との合一を果たすことはできないであろう。(GW 2. 346)

人間は生きるかぎり、自分自身の内部に閉じこもることはできない。目の前にある食べ物を口にし、空気を吸い、客体的な世界を主体の内部へと採り入れていかなければならない。そのさい、客体をわが物にするために、他者の手を排除しておかなければならない。そうでなければ自らの生存もおぼつかない。しかし、このように客体を支配するならば、隣人と愛において合一することはできない。「無限な生との合一を果たすことはできない」。無限な生とは、ここでは神の別名である。

この無限な生が、個々の人間がそれぞれに持つ有限な生と対比されている。この有限性の克服という問題を、ヘーゲルはたんなる思弁の問題として考えてはいなかった。有限な生を、客体の支配、客体への依存ということばで言い換えている。そのさいの客体とは生存の目的連関を支える所有物のことである。実践的な世界において、人間の有限性は、その所有物に対する態度に端的に表れているというわけである。ヘーゲルは、所有が人間の生にもたらす問題について、聖書にまでさかのぼって考えていく。イエスのいうように、愛の名のもとで、自分の所有物を放棄し、他人にもそうするよう求める、あるいは物を共同で所有することの可能性を考える。しかし、この思考実験によってヘーゲルがたどり着いたのは、万人にすべての所有の放棄を強いたとしても、所有の問題は解決されるわけではないということであった。そうした放棄によっても、所有という観念から逃れられるわけではない。いかなる物も、人は一定の目的連関において排他的に使用せざるをえないからである。人間は肉体をもって生きる以上、必然的な「運命」として、所有につきまとわれるという認識をヘーゲルは深めていったのである。(14) さきの引用文に続けて、ヘーゲルはつぎのように述べている。

それゆえ、人間は、その必然性が自らの運命である所有物のうちのほんのわずかを犠牲として供する。なぜなら、所有の運命は必然であり、廃棄されえないからである。人間はその一部を神の前でも無化し、友人との共同を通じて残りの部分の無化から可能なかぎり特殊性を取り除き、これはその無化が目的のない過剰であるということによってなされる。そして、この無化の無目的性によってのみ、言い換えれば、この無化の無化によって、人間は自分のそれまでの合目的的無化の特殊な関係をあがない、それと同時に、それ自身に関係づけられない無化によって、無化のまったくの無目的性によって、すなわち死によって、客体の客体性を完成させてしまったのである。そして、たとえ客体を関係づけて無化する必然性は残りつづけるとしても、無化のための無目的的無化はときおり生じるものであり、このような無化こそが絶対的客体への唯一の宗教的無化として示される。(GW 2. 346)

合目的的無化というのは、日常の生活連関のなかで所有物を消費することである。この連関のうちでは、神に触れることはない。人間は日々の特殊な関係を償うこともない。罪のあがないには、共同体が必要である、とヘーゲルはとらえている。しかし、所有のすべてを放棄するのではなく、一部の放棄で足りる。所有物の消費という通常の行為連関それ自体を否定することは、生活という目的連関から離脱した祭祀の場において、所有物の一部分を焼き尽くし無化することで実現可能である。所有物に向かう欲望の一部を抑制し放棄することでそれは可能となる。人間が神に近づくには、すべての所有物を放棄する必要はないのである。

このような意味において、所有物は、その所有者が他者との共同へと開かれる媒介物であると同時に、人間がそこから神へと開かれる媒体でもある。この所有の部分的な廃棄という過剰、「無目的的無化」が、神を現出させるのである。ただし、「無目的」や「過剰」は容易に実現できるものではない。「ときおり」という語はある種の制限である。意図をある意味で超えているからである。ともあれ、それらのタームは、『一八〇〇年体系断片』以降、用いられなくなってしまう。この断片のモチーフをも部分的に無化し、ヘーゲルはさらに概念の哲学を展開していったのである。

4　現代思想的供犠論の展開

最後に、ヘーゲル以降の祭祀=供犠論について見ることにしよう。そこには、意外にも、ヘーゲルの議論とさほど遠くないものが見いだされるであろう。以下の考察において鍵となるのは、神性を現出させるいわば所有＝欲望に対する自己防衛ないしその部分的放棄としての祭祀という考え方である。

このような把握が、ヘーゲルとは無関係にみえる二十世紀の哲学者たちによって展開されることになる。たとえば、ドイツの哲学者マックス・シェーラー（Max Scheler, 1874-1928）は、その最晩年の講演をもとにした『宇宙における人間の位置』（一九二八年）のなかで、祭祀についてつぎのように論じている。

人間は、たんに己の個的存在だけでなく、何よりも己の集団全体の救いに対する押さえがたい衝動から、動物と異なりもともと人間に備わる法外に過剰な空想にもとづきしかもその助けを借りて、絶対的なものの存在領域を任意の形態を備えた存在で賑わせ、かくして礼拝と祭祀によってこの存在領域の権力のなかへ避難し、「己の後ろ盾」をしてくれる何らかの保護と助力を得ることもできた。それというのも、人間は、自然からの離脱と自然の対象化という根本作用、ならびにそれと時を同じくする自己存在と自己意識との生成において、純然たる無のなかに落ち込むように見えたからである。そのような救いや支えというかたちをとったこのニヒリズムの克服が、私たちが宗教と呼ぶものにほかならない。(15)

シェーラーによれば、人間は生まれ育った自然から身を引き離してこれと対峙し、自分自身をも対象化して意識化していく。この自然からの解離には、大きな代償を伴うものであった。知恵の実を食べたことで、自分の性差を知った原初の人間たちの物語のようにである。しかし、人間は、自分の根拠をも対象化してしまうという一種の過剰を持つとともに、その過剰な能力によって自らを保護する機構と権力をも作り上げた。ここで重要なのは、シェーラーが宗教の保護機能の核心を祭祀のうちに見ていることである。自らの招いた「純然たる無」への陥落を防ぐのは、想像の構築物へと避難するための、それ自体も人間の空想の過剰自身が築いた祭祀という行為である。シェーラーは、人間の内なる過剰を、過剰そのものによって保護力へと転化するという点に宗教の核心を見いだしている。

ところで、シェーラーのこの議論は、おそらくフロイトの議論を下敷きにしたものであろう。フロイトは『強迫行為と宗教的礼拝』という論文（一九〇七年）のなかで、強迫神経症に悩まされる患者の強迫行為が、一定の厳格な様式を形成すること、すなわち儀式化へと向かうことに着目すると、その様式が欲動の断念を旨とする宗教的礼拝と重なることを指摘している。

祭祀は防衛ないし保証行為、すなわち保護手段として始まる。(16)

その働きによって自我に原始的快楽を与えることができるような体質的欲動を前進的に放棄することが、人間的な文化の発展の基礎の一つであるように思われる。この欲動抑圧の一部は宗教に

よって執り行われる。それは、個々の人間に対して欲動快を神に犠牲として捧げさせることによってである。(17)

欲動は人間自身にとって過剰である。部分的な放棄すなわち犠牲によってこの過剰と向き合う術が祭祀であり、供犠である。後にフロイトは、『トーテムとタブー』（一九一二―一三年）のなかで、欲望の断念と相反するようにみえるその過剰な放出という方向性に立ち返っている。

祭祀とは、許可された放逸であるというよりはむしろ命令された放逸であり、禁止の祭祀的侵犯行為である。なんらかの指示にしたがって歓喜にひたっているから人間は逸脱を行ってしまうのではない。むしろ、祭祀の本質に放逸がある。祭祀の気分は、そうでなければ禁止されているものを解放することで生み出されるのである。(18)

過剰を祭祀の本質とするという観点は、前節で触れたヘーゲルの『一八〇〇年体系断片』のそれにきわめて近い。この点では、過剰と供犠の関係を洞察したフランスの哲学者ジョルジュ・バタイユ(Georges Bataille, 1897-1962) が想起される。(19)「資源のあらゆる無化（＝消尽）が持続の必然性に従属する持続的秩序から、無条件の無化の暴力へと移行することが重要である。……供犠においては、犠牲はあらゆる有用性を免れている」。バタイユに多大な影響を与えたロシア出身のフランスの哲学者、アレクサンドル・コジェーヴ（Alexandre Kojeve, 1902-1968）は、『精神現象学』を主要テクストとする『ヘーゲル読解入門』のなかで『一八〇〇年体系断片』について触れてはいない。したがって、フロイトをも読解していたバタイユがこの過剰の問題をどのようにその祭祀＝供犠論に組み入れたかは、興味深い問題として残されている。

ここでは最後に、二十世紀のはじめに宗教をいわば哲学的に総括していたアメリカの哲学者ウィリアム・ジェイムズ（William James, 1842-1910）を挙げておこう。その著『宗教的経験の諸相』（一九〇二年）では、つぎのように語られている。

神々への犠牲は原始的な礼拝のどこにも見られる。しかし、礼拝の儀式が洗練されていくにつれて、燔祭《はんさい》や雄山羊の血の代わりに、いっそう霊的な性質の犠牲が行われるようになった。ユダヤ教、イスラム教および仏教は典礼的な供犠など行なわない。キリスト教も、キリストの贖罪の秘儀のうちに犠牲の観念が変貌したかたちで保存されているという点を除けば、やはり供犠を行なってはいない。これらの宗教は、すべてそういう無駄な犠牲を捧げる代わりに、内的自己の放棄という心の供犠を行う。イスラム教や仏教や古代のキリスト教が勧めている禁欲的な修行において、私たちは、ある種の供犠は宗教的修行なのだという観念がどんなに抜きがたいものであるかを知る。禁欲主義について講義をしたさい、私は、生活というものを努力奮闘的なものと解する場合にはいつでも生活は犠牲を必要とするが、この犠牲を象徴するものとして禁欲主義がもつ意義について語った[20]。

ここではジェイムズによる禁欲主義の考察に詳しく触れることはできない。重要な点は、欲望の過剰を禁欲という内的抑制力によって克服するのは供犠と同じものである、とジェイムズが考えていることである。禁欲は、供犠に代わる一つの宗教的行為というよりも、内面化された供犠そのものである。現代思想としての宗教論は、カントの到達した地点からあらためて出発していた。人間がその内的世界や外的世界に何らかの供犠に代わるものを見いだすことが可能か、可能であるとすれば、それが何であるか、という問い、この問いが二十世紀初頭にあらためて発せられたのである。欲望の抑止に祭祀＝供犠の本質を見たシェーラーらは、さらに、この問題を神抜きに思考する可能性を突き進めた。しかし、ハーバーマスがいうように、哲学者を含めてあらゆる人間の自認がときとして陥る罠もある。

この渦、すなわちニーチェ以降の現代思想のなかで、サブカルチャーは己を形成し、祭祀の対象なしに祭祀を行うことによって、来るべき真理を不特定に広める扇動を主導して、人々を鎮めたり昂ぶらせたりしてきたのである。宗教的、美的ともいうべき恍惚をともなうこの滑稽な戯れは、とりわけ知識人のあいだにその観客を見いだした。知識人たちは、見当識欲しさに、祭壇に「知の犠牲」を供する用意ができていた。(21)

この時代診断の文章は、自らが供犠として見なす行為の偽善の可能性の警句ともとることができるのではないだろうか。ジェイムズの記載した修道士たちの禁欲についてはここではおいておこう。ヘーバーマスの視野にあった大衆世界のなかでの「犠牲」と称されるものが果たして犠牲というに値するかどうかは、問うてもよいことである。

おわりに

シェーラーやジェイムズの思想の帰趨がヘーゲルのたどった道を再度別の仕方で歩み直していたとするならば、この事態をどのように考えるべきなのであろうか。供犠という現象のない宗教を考えることはできない、と述べたのはデリダであった。(22) ここではむしろ、供犠という現象をいわば知の原型として把握せずに哲学的思惟を遂行することはできない、というべきであろうか。「哲学は持続的祭祀である」とヘーゲルは述べていた。(23) これを、哲学こそが真の供犠である、ととるか、哲学は供犠に替わるものである、ととるか。あるいは、哲学こそが供犠を真に締めくくるものととるべきか。はたまた、締めくくることの不可能をわきまえるからこそ「持続的」と付け加えたというべきなのか。ヘーゲルは『精神現象学』（一八〇七年）のなかで、神が「潜在的にはすでに犠牲として供されてしまっている」（GW 9. 384）ことが祭祀の可能性の制約となっている、と述べていた。神そのものが犠牲として供されるということの過剰の本質について考えることから、哲学は今後も放免されることはないように思われる。

推薦図書

アレクサンドル・コジェーヴ『ヘーゲル読解入門――『精神現象学』を読む』上妻精・今野雅方訳（国文社、一九八七年）。

アンリ・ベルクソン『道徳と宗教の二つの源泉』合田正人・小野浩太郎訳（筑摩書房、二〇一五年）。

ジョルジュ・バタイユ『純然たる幸福』酒井健訳（筑摩書房、二〇〇九年）。

トッド・デュフレーヌ『〈死の欲動〉と現代思想』遠藤不比人訳（みすず書房、二〇一〇年）。

第4章　女性の欲望と共同体——バトラーのアンティゴネー論

はじめに

ヘーゲル『精神現象学』の精神章は、「人倫的世界、人間の掟と神々の掟、男と女」、「人倫的行為、人間の知と神々の知、罪責と運命」、「法状態」という三つの節から構成されている。そこで展開されるソポクレース（Sophokles, BC.497/6-BC.406/5）のギリシア悲劇『アンティゴネー』[1]をめぐる議論は、ヘーゲル哲学における「女性の役割」を理解するうえできわめて肝要であり[2]、フェミニズムの論者によってさまざまな観点から議論されてきた[3]。

そこで本章では、フェミニズムの代表的論者の一人であり、かつヘーゲル研究者でもあるジュディス・バトラー（Judith Butler, 1956-）が『アンティゴネーの主張』[4]で展開したヘーゲル批判を参照しながら、ヘーゲルが古代ギリシアの女性の欲望をどのように論じてきたのかを検討していく。まずは、ヘーゲルの『アンティゴネー』解釈を概説したうえで、つぎに、バトラーがどのようにヘーゲルの解釈を批判したのかを確認して、さらにそこから、バトラーがヘーゲルの議論のどの論点をとらえ損なっているのかを指摘していく。これによってヘーゲルのアンティゴネー論を、女性の欲望と共同体の再生産の連関という観点から考察する。

1 ヘーゲルのアンティゴネー論

ヘーゲルは『精神現象学』のなかで、「人間の掟」と「神々の掟」という表現を用いている。この表現は、ソポクレースがギリシア悲劇『アンティゴネー』のなかで、アンティゴネーが兄ポリュネイケースを埋葬しているところを捕らえられたときに、テーバイの王クレオーンに対して発する台詞から取られたものである。クレオーンがアンティゴネーに対して、ポリュネイケースの埋葬を禁ずる命令を知っていたかを問うと、アンティゴネーは「知っていた。どうして知らぬわけがあろう、公然のことなのに」(五一頁、四四八行)と答えている。この布令は、劇の冒頭でアンティゴネーが妹のイスメネーに伝えるところによれば、ポリュネイケースの亡骸を「何人も墓で覆ってはならぬ、哀哭もならぬ、嘆かれず葬られもせぬまま、血眼の鳥どものご馳走にして、心行くまで貪り喰わせよ」(二一頁、二八―三〇行)というものであり、さらにこれに少しでも背いた場合は「市中で、民衆に石打で殺されることになっている」(二二頁、三四行)という、死の脅威を伴うほど厳格な、哀悼の禁止である。この禁止に背けば惨い目に遭うことを知っていて、あえてそれに背いたのかと問うクレオーンに、アンティゴネーはつぎのように答えている。

このお触れを出したのはゼウス様ではなし、地下の神々とともにある正義《ディケー》の女神が、人間のためにこのような掟を定めたわけでもない。それに、あなたのお触れは死すべき人間の作ったもの、そんなものに、神々の定めた、文字には書かれぬ確固不動の法を凌ぐ力があるとは考えなかったからだ。この法は昨日今日のものではない、永年に命を保つもの、いつから現れたか、誰も知りません。私が誰ぞの意向を怖れるあまり、その法を犯して、神々の前で罰を受ける気にはならなかったが、それというのも、当然のことだが、いずれ死ぬことがよくわかっていたからだ。（五二頁、四五〇—四五九行）

アンティゴネーがクレオーンによる布令に背いた理由は明確である。それが「人間の掟」であって「神々の掟」ではないからであり、死者を埋葬することは「神々の掟」を遵守することになるからである。アンティゴネーによれば、クレオーンの定める掟には神々の定める掟を越えるほどの威力はないのに対して、神々の定める掟はその起源を知るものがいないほど太古の昔から続くものであり、またこれからも永遠に威力を発揮し続けるものなのである。

ヘーゲルはこの一節を『精神現象学』の理性章で引用しているが（GW 9. 236)、精神章ではこうした記述をもとに、女性は「神々の掟」に従って死者を埋葬するのに対して、男性は「人間の掟」に従うものであるという。そのうえで、さらに、両者の掟そのもののうちにも「区別があり、段階がある」

（GW 9. 246）と論じていく。そこで問題となるのは、「神々の掟」が内包している「区別」であり「段階」である。この区別あるいは段階は、ヘーゲルによれば、「夫と妻、親と子ども、兄と妹という兄弟姉妹」（GW 9. 246）という三つの関係に対応する。すなわち、女性が、（1）夫に対する妻である場合、（2）子どもに対する母である場合、（3）兄に対する妹である場合に、それぞれ対応する。

ヘーゲルは、女性が兄に対する妹である場合において、女性は「人倫的な本質をもっとも高く予感している」（GW 9. 247）と述べている。つまり、女性が兄に対する妹である場合が、他の二つの場合、つまり、子に対する母である場合と、夫に対する妻である場合に比べて、もっとも人倫的であるとされる。なぜなら、兄と妹は、「同じ血縁であるが、この血縁は両者において安定し、均衡を得ているし、それゆえ、両者は互いに対して欲望を抱いていない」（GW 9. 247）からである。こうした「血の均衡と欲望不在の関係」のゆえに、兄と妹のあいだの「承認は純粋であり、自然的関係を混じえていない」（GW 9. 248）。それに対して、夫婦関係は欲望や快楽にもとづいた自然な関係であるとされる。

ヘーゲルによれば、男性の人倫は、「市民として……欲望の権利を買い取り、同時に欲望から自由である」（GW 9. 247）点に見いだされる。それに対して、女性の人倫は、以下の引用において具体的に示されるように、「欲望の個別性から疎遠なところにとどまる」（GW 9. 247）点に特徴を持っている。

母と子の関係および妻と夫の関係は個別性を持つが、その個別性は、一方では快楽に帰される自然なものであり、他方ではこの関係のなかで自分が消えゆくにすぎないことを認めるような、否定的なものである。それゆえに、さらに他方では、別なものに取って代わられるような偶然のものである。人倫のうちに住んでいるとき、女性のこれらの関係が根拠を置くのは、この夫でもなく、この子どもでもなく、夫一般であり、子ども一般であり、感覚ではなく、一般者なのである。(GW 9. 247f.)

右に見られる「夫一般」や「子ども一般」が意味するのは、ある妻にとってその夫が「この夫」である必然性はなく、また、ある母にとっての子どももまた「この子ども」である必然性はない、ということである。つまり、妻にとって、この夫は別の夫に代替可能であり、またこうした代替可能性は、母にとっての子どもにも当てはまる。それに対して、妹にとって兄は代替不可能であるとヘーゲルは述べる。

承認し、承認される個別的自己という契機は、この契機が、血の均衡および欲望不在の関係に結びつけられているがゆえに、その権利を主張することができる。それゆえ、兄を失うことは妹にとって取り返しのつかないことであり、兄に対する妹の義務は最高のものである。(GW 9. 248)

女性が「欲望の個別性から疎遠なところにとどまる」存在であり、欲望の対象はつねに代替可能性に開かれている以上、欲望を介在しないかたちで関係を取り結ぶ個別的なこの兄は、その妹にとって、とりもなおさず代替不可能な、かけがえのない存在なのである。

ヘーゲルの以上の議論は、アンティゴネーが衛士たちにひき連れられ、石室に生きたまま閉じ込められる直前に吐く、つぎの台詞が念頭に置かれている。(5)

だって、たとえ私が母として生んだ子供たちが、また仮に夫が、死んで朽ち果てようとしていたとしても、町の人たちに逆らって、こんな骨折りはしなかったはず。それなら、いかなる理によってこんなことを言うのか。夫ならば、たとえ死んでも別の夫が得られよう。子にしても、よし失ったとて、別の男から授かれよう。しかし、母も父も冥界にお隠れになった今となっては、また生まれ来る兄弟などありえぬのです。このような理から、ああ、大切な兄上、誰にもましてあなたに礼をつくしたのに、クレオーンには、それが罪であり、不埒な恐ろしい所業と思われたのだ。そして今、こうして腕ずくで私を捕え、連れて行こうとする。夫婦の床も婚礼の歌も知らず、嫁ぎの道にも、子育てにも与り知らぬこの私を。それどころか、愛しい人たちからも見捨てられ、哀れや、生きながら死者の奥《おく》つ城《き》へと向かうのだ。（八四―八五頁、九〇四―九二〇行）

ここでアンティゴネーが主張しているのは、自分が兄の妹ではなく、子どもの母や夫の妻であれば、同じことをしなかったということである。アンティゴネーが「人間の掟」に従って共同体による禁止に背いてポリュネイケースの遺体を埋葬したのは、ヘーゲルが指摘するように、彼女にとって兄がかけがえのない存在であるからにほかならない。すでに見たように、劇の前半においてアンティゴネーは、クレオーンに対して自分の行為は「神々の掟」を遵守するものであると述べて、その正当性を主張していた。にもかかわらず、ここでは、アンティゴネーが「人間の掟」に背いて兄を埋葬したのは、兄のためであるということが明らかにされる。

つづいて、アンティゴネーは、以下のように述べる。

神々のいかなる正義を踏み外したというのだろう。この上は、不仕合わせな私がどうして神々のご加護を頼む必要があろう。誰を味方と呼べばよいのか。敬虔にふるまい不敬の誹《そし》りを受けた以上は。ともあれ、もし神々がこんなことを善しとされるのなら、苦しい目に遭った私が間違っていたのだと認めよう。だが、もしこの人たちが間違っているのなら、私に対する非道なしうち以上の苦しみはありえないが、苦しむがいい。（六三―六四頁、九二一―九二八行）

ヘーゲルは、「もし神々がこんなことを善しとされるのなら、苦しい目に遭った私が間違っていたのだと認めよう」という一節のうち主節にあたる部分を、「私たちは苦しむがゆえに、罪を犯したことを承認する」（GW 9. 255）と解釈し、以下のように論じる。

人倫的な意識が、自分が対立する法や威力をまえもって知っており、それらを暴力、不正あるいは偶然に人倫的であるにすぎないものと見なし、それと知って罪を犯すアンティゴネーのようであったのならば、その人倫的な意識はいっそう完璧であり、その罪責はいっそう純粋である。(GW 9. 255)

この一節こそが、精神章においてヘーゲルがアンティゴネーの名に唯一明示的に言及する箇所である。さらにヘーゲルは「人倫的な意識は自分に対立したものを……自分の現実であると認め、自分の罪責であると認めざるをえない」(GW 9. 255) と結論づける。

以上のようなアンティゴネーの「犯罪」および「罪責」をめぐる議論が、バトラーとヘーゲルが決定的に袂を分かつ点である。つぎの節では、バトラーによるアンティゴネー解釈がどのような問題意識のもとでなされたかを確認したうえで、彼女のヘーゲル批判のポイントを見ていこう。

2 バトラーのアンティゴネー論

バトラーは『アンティゴネーの主張』のなかで、アンティゴネーを、兄ポリュネイケースとのあいだの近親姦ゆえに、死ぬことを選ばざるをえなかったと論じている。したがって、バトラーの問題関心は、近親姦の禁止がどのような生をあらかじめ排除しているかを明らかにすることにあるといえる。こうした観点からバトラーは、現代のアンティゴネー解釈の典型とされるヘーゲルとジャック・ラカン（Jacques Lacan, 1901-1981）を批判的に読み解くことで、既存の生存可能性を広げることを目指していく。そこで本節では、バトラーによるヘーゲル批判を取り上げて、それがどのような意味で正当化されるのかを見ていくことにしたい。

バトラーが第一に疑義を呈するのは、ヘーゲルが論じているなかで、兄妹関係には欲望が介在しないので両者間の相互承認の証左となる、という点である。

ヘーゲルが主張しているのは、むしろ、「血」の関係があるために妹と兄のあいだには欲望が不可能となり、それゆえに血縁こそが親族関係とそこに内在する承認の力学を安定化させるということである。したがってヘーゲルによれば、アンティゴネーは彼女の兄を欲望していないことになる。このようにして『精神現象学』は近親姦の禁止を告げるテクストとなる。（AC, 13）

バトラーはさらに、ヘーゲルのこの議論は『精神現象学』の自己意識において論じられる承認概念と齟齬をきたしていると指摘する。というのも、バトラーによれば、『精神現象学』の自己意識の冒頭においては、「欲望を欠いた承認は存在しない」とヘーゲルは論じているにもかかわらず、ここでは、「アンティゴネーにとって欲望をともなう承認はありえない」と論じられるからである（AC, 14）。つまり、バトラーにとってヘーゲルは、一方では、承認の原理として欲望を提示しながら、他方では、アンティゴネーが相互承認をうるのは、そのあいだに欲望が介在しない兄ポリュネイケースとのあいだでのみであると論じているのである。

はたして、ポリュネイケースとアンティゴネーとのあいだの近親姦の可能性を、ヘーゲルは認めていたのだろうか。この問いは、アンティゴネーの「犯罪」をどのように解釈するのかという問題に関係している。したがって、兄と妹の近親姦の可能性を念頭に置いたうえで、つぎの節では、バトラーがアンティゴネーの「犯罪」をどのようなものととらえ、また、それに関連してどのようにしてヘーゲルを批判しているかを明らかにしていこう。

バトラーの『アンティゴネー』解釈の出色な点は、アンティゴネーが「人間の掟」を意図的に破るのは、「あらゆる親族のためではなく、兄のため」であることを指摘し、そこに「神々の掟」の違反を見いだす点にある。「アンティゴネーが行為するのは、親族関係の神の名においてではなく、まさしくそうした神々の命令を侵犯することによってである」(AC, 10)。したがって、バトラーの解釈では、アンティゴネーは「神々の掟」に従うことによって「人間の掟」に背くのではなく、「神々の掟」に背きかつ「人間の掟」にも背いていることになる。

一八二〇年代より、「たとえ私が母として生んだ子供たちが、また仮に夫が、死んで朽ち果てようとしていたとしても、町の人たちに逆らって、こんな骨折りはしなかった」という一節を含む、九〇四行から九二〇行までのアンティゴネーの台詞が偽作ではないかと議論されてきたが[6]、現代においてもまだ満足のいく結論は得られていない[7]。たとえば、エッカーマンによれば、ゲーテもまたこの箇所が偽作だと思っていたという。その理由は、劇の前半においてアンティゴネーは「自分の行動の理由を堂々と語り、極めて純情な気高い感情を展開する[8]」にもかかわらず、この台詞が彼女の行為の「まったくろくでもない、ほとんど滑稽といってもいいほどの動機[9]」を暴露してしまっているからである。

おそらくバトラーは、こうした事情を考慮したうえで、この箇所を「悪名高い一節」と呼んでいるのだと思われる。しかしながらバトラーは、この一節を偽作と見なして切り捨てるのではなく、むしろ積極的に自らの解釈を裏づける根拠として採用する。つまり、バトラーは、アンティゴネーのこの台詞のなかに、アンティゴネーの「神々の掟」に対する一貫性のなさを読み取り、アンティゴネーが従っているのは「神々の掟」ではない、という結論を導き出す[10]。

では、アンティゴネーがここで従っている法は「神々の掟」ではなく、何なのだろうか。バトラーによれば、それは「唯一の適用事例しか持たない法」である（AC, 10）。つまり、アンティゴネーが遵守するのは、自分と兄のポリュネイケースとのあいだでのみ適用可能な法である。重要なのは、バトラーにとって、この法が適用されるとき、家族一般、あるいは親族一般を司る「神々の掟」を必然的に侵犯するということであり、バトラーがアンティゴネーとポリュネイケースとあいだの近親姦の可能性を読み込むのは、まさしくこの点なのである。

さらに重要なのは、バトラーによれば、アンティゴネーが遵守した法をめぐる問いは、すでにヘーゲルによって追求されたものだということである。しかしながら、バトラーは「ヘーゲルはこの場面を指摘したがために、彼の議論はほとんど崩れそうになり、慌ててこのスキャンダラスな結末を封じ込めようとしている」（AC, 33）という解釈を提示する。つまり、ここでバトラーは、一方では、自分の読解がヘーゲルの読解に依拠していることを暗に認めながら、他方においてはヘーゲルの誤読を指摘している。バトラーによれば、ヘーゲルにとってアンティゴネーは「神々の掟」を表象する存在であるため、ヘーゲルはアンティゴネーの「神々の掟」の違反の契機に気づいていたにもかかわらず、あえてそれを無効化したというのである。

バトラーによれば、ヘーゲルが「スキャンダラスな結末を封じ込める」ために持ち出すのが、オイディプスとアンティゴネーとのあいだの相違である。ヘーゲルによれば、両者はともに罪を犯すという点で共通しているが、前者が意図せず罪を犯すのに対して、後者が意図的に罪を犯す点で異なっている。ヘーゲルがこうした意図しない犯罪（オイディプス）と、意図的な犯罪（アンティゴネー）を区別するのは、バトラーによれば、「アンティゴネーの行為から無意識の動機を取りのぞき、それを完全に意識的な行為と見なす」（AC, 33）ためである。バトラーはさらに、オイディプスとアンティゴネーの「罪責」をめぐってヘーゲルに対して疑義を呈する。先に見たように、ヘーゲルは、意図的に罪を犯すアンティゴネーは罪責を免れえず、かつアンティゴネーは、自分自身の行為の結果、自分とは反対のものを自分の現実として認めなければならないと述べていた。バトラーによれば、このように論じるヘーゲルは、「クレオーンの立場」に立ちながら、「アンティゴネーの行為の反対のものとは、彼女の反抗する法であり、ヘーゲルはアンティゴネーに対してその法の合法性を認めよと命じている」(AC, 34)。ところが、バトラーの見解では、ヘーゲルの意に反して、アンティゴネーが罪責を負うことはない。このようにしてバトラーは、「人間の掟」への違反という犯罪の罪責をヘーゲルがアンティゴネーに負わせている、というヘーゲルの誤読を見いだす。

しかしながら、バトラーのこうした解釈は、はたしてどこまで正しいのだろうか。つぎの節では、ヘーゲルが「犯罪」という語によって何を意図していたかを確認することで、バトラーがとらえ損なったヘーゲルのアンティゴネー論の核心を明らかにしていこう。

3 アンティゴネーの「犯罪」とは何を意味するのか

ヘーゲルにとってアンティゴネーの「犯罪」とは「人間の掟」への違反である。このような解釈は、バトラー独自のものではない[11]。しかしながら、そもそもヘーゲルは、アンティゴネーが「人間の掟」への違反という「犯罪」の「罪責」を負わざるをえない、と考えていたのだろうか。結論から述べると、ヘーゲルにとって「犯罪」とはたんに「人間の掟」に違反することだけを意味するわけではない。では、ヘーゲルにとって「犯罪」とは何を意味するのだろうか。

この問題を考察するうえで、『法の哲学』における「犯罪」を参照することは有効であろう。なぜならそこでは、「犯罪」概念が「本来の不法」として詳細に論じられるからである。ただし、『精神現象学』が一八〇七年に発表されたのに対して、『法の哲学』の刊行は一八二一年である。それゆえ、ヘーゲルが『精神現象学』の執筆の時点で「犯罪」概念を『法哲学』と同じようにとらえていたことは仮定にとどまる。また、ボッケンハイマーが指摘しているように、(12)ギリシア的な人倫においては抽象法が存在しない点も留意されなければならない。

では、ヘーゲルにとって「不法」とは何だろうか。ヘーゲルによれば、それはつぎの三つに区分される。「すなわち不法は、無邪気な不法ないし市民的不法であったり、詐欺であったり、犯罪であったりする」(第八十三節)。

第一の不法である「無邪気な不法」は、「正義の衝突」(第八十五節)と定義される。つまり、無邪気な不法とは、当事者が自らの主張を正義であると確信している不法のことである。それゆえ、無邪気な不法とは、それがなされた相手にとっては不法であるが、それをなした本人にとっては正義であるという意味で、悪気のない不法である。

第二の不法である「詐欺」とは、「普遍的なものが、特殊的な意志によって、たんに見かけのうえで、仮象的なものにまで……貶められる」（第八十七節）ことである。つまり、詐欺とは、普遍的な法ではないと知りながら自らを普遍的な法であると僭称して他者をだますことである。それゆえ「無邪気な不法」が他者から客観的に見ればそれ自体で不法であるが、当事者の主観としてはあくまで正義であるような不法であるのに対して、「詐欺」は法を騙《かた》り、自らの意志を普遍的な意志に適ったものであるように見せかける。このように他者をだましているという意味で、主観的には不法であるが、客観的には正義であるかのように見えている不法である。

第三の不法である「犯罪」は、「本来の不法」と呼ばれるように、「無邪気な不法」であり、かつ「詐欺」であるような不法である。つまり、「犯罪」とは、自らを法であると確信した不法であるだけでなく、自ら法を騙《かた》ること、自らを法に見せかけることでもある。それゆえ、「犯罪」において「法は、文句なしに、ただ空無ないし無効なるものとして定立される」（第八十三節）。したがって「犯罪」とは、「自由なものによって、法そのものの毀損が遂行されること」（第九十五節）を意味する。「無邪気な不法」あるいは「詐欺」において、法そのものの意義が保証されており、そうした不法はあくまで法の一部を否定するにとどまる。それに対して「犯罪」においては、法そのものの意義が否定されている。

ここで、ヘーゲルの『アンティゴネー』解釈にもどろう。すでに見たように、ヘーゲルは、アンティゴネーが「意図的に罪を犯す」と論じていた。つまり、ヘーゲルにとって、アンティゴネーは、意図的に「一方の掟に専念しながら、他方の掟を拒絶し、さらに自分自身の行為の結果、掟を毀損する」（GW

9. 254)。先の「犯罪」の定義に即していえば、アンティゴネーは、「無邪気の不正」を犯し、さらには「詐欺」という不正も犯すことで、法を毀損している。では、アンティゴネーの犯した「無邪気な不法」とは何であり、また彼女の犯した「詐欺」とは何であろうか。

アンティゴネーの犯す「無邪気な不法」は、劇の前半で示された彼女の第一の主張に見いだされる。すでに見たように、ポリュネイケースの死を哀悼することはクレオーンによって厳格に禁止されていた。そのため、アンティゴネーによるポリュネイケースの埋葬は、クレオーンにとっては自らの課す布令に反する不法にほかならない。それに対して、アンティゴネーが主張するところでは、兄ポリュネイケースを埋葬することは家族を司る「神々の掟」を遵守する者の義務であり、したがって、アンティゴネーにとってそれは正義にほかならない。

同じように、死者の埋葬を禁ずるクレオーンもまた無邪気な不法を犯している。というのも、彼はポリュネイケースの埋葬を禁ずることは共同体にとって正義であると確信しているが、アンティゴネーはこの禁令を、恣意的な暴力にすぎず、したがって「神々の法」に違反する不法であるととらえていたからである。ヘーゲルはアンティゴネーの第一の主張をつぎのように述べている。

意識は、両方のうちで、一方の側だけに正義を、だが他方の側には不正を見るのだから、神々の掟に帰属する意識は、他方の側に、人間の、偶然な暴力を見て取ることになるが、人間の掟に割り当てられた意識は、他方の側に、内面的な自立存在の利己心と不従順を見て取る。というのも、政府の命令は、白日のもとで公になった一般的な意向であり、これに対して、もう一方の掟の意志は、内面的な地下の意であるが、これが現実になるとき個別者の意志として現れ、内面的な地下の掟の意志と矛盾に陥り不敬となる。(GW 9. 252)

ここで、「神々の掟」に帰属するアンティゴネーと、「人間の掟」の掟に帰属するクレオーンの対立において、両者の非対称性が明らかになる。つまり、両者の対立はたんに「神々の掟」と「人間の掟」の「衝突」を意味するのではなく、「対立する現実を、自らの帰属する掟に暴力的に従属させる」クレオーンと、「対立する現実をだます」アンティゴネーという非対称性が、その対立のうちに見いだされる(GW 9. 252)。

この「対立する現実をだます」という契機こそがアンティゴネーの犯した「詐欺」である。先に見たように、第二の主張においてアンティゴネーは、兄のためでなく子や夫のためであれば、同様のことはしなかったはずだと明かす。つまり、ヘーゲルはこの第二の主張からさかのぼって、第一の主張においてアンティゴネーが、自分自身の行為を正当化するために「神々の掟」を騙《かた》った点に彼女の「詐欺」を見いだす。第二の主張により、アンティゴネーが「神々の掟」を悪用することで、彼女の行った「人間の掟」の違反は「神々の掟」の遵守であり、したがって、その行為は正当であると他者に信じ込ませようとしたことが明らかになる。こうした暴露がなければ彼女の「詐欺」は完全に成功したはずであり、逆にいえば、この暴露があったからこそ彼女の「詐欺」に私たちが気づくことができるといえる。

ヘーゲルはこの第二の主張のうちにアンティゴネーの内部で生じた対立を見いだす。それは「知られているものと知られていないものとの対立」であり、この対立は「人倫的な自己意識の絶対的な正義が、本質である神々の正義と争いになる」ことで生じるものである（GW 9. 253）。ここで「絶対的な正義」と呼ばれているのは、人倫的な意識がよって立つ正義にすぎない。それゆえ、この意識は自らの正義を実現するとき、正義の遂行のみを知の対象とし、それ以外を知ることはない。「人倫的な自己意識の絶対的な正義とは、意識が人倫の掟に従って行為するとき、この実現のうちにこの掟そのものの遂行のみを見いだし、それ以外のものを見いださないということであり、行為の結果が人倫的な行為以外には何も表さないということである」（GW 9. 253）。

ここでヘーゲルは、「詐欺」を「人倫の掟の実現」あるいは「人倫の掟そのもの遂行」のうちに見いだす。つまり、自らを神々の正義とかたる「詐欺」とは、行為者がその絶対的な正義を、神々の正義として、あたかも自らのよって立つ正義が神々の正義であるかのように、実現することなのである。(13)

重要なのは、ここでヘーゲルが、こうした行為を通じて、人倫的な意識の知られていないものの側面、すなわち正義の実現にさいして、正義の遂行以外の側面がどのようにして噴出するかを論じていることである。ヘーゲルは、こうした知られていないものの側面を「光を厭う威力」と呼び、さしあたり、知らずに父を殺害し、知らずに母と結婚するという罪を犯し、のちにその「罪責」に圧倒されることになったオイディプスの例を挙げて説明している。

人倫的な自己意識のあとをつけているのが、光を厭う威力である。この威力は行いが起こったときにはじめて突如現れて、この行いにさいして自己意識を捕まえる。なぜなら、所為が果たされたということは、知るところの自己と、これに対立している現実とのあいだの対立は廃棄されるからである。こうして、このさいに行動する者は、犯罪とその罪責を否認することはできない。(GW 9. 255)

知らずに罪を犯すオイディプスに対して、意図的に罪を犯すアンティゴネーの場合、その犯罪が遂行されるときに彼女を捕まえる「光を厭う威力」は、「たんに自体的に、決意と行為のうちに内在する罪責においてのみ、存在している」(GW 9. 255)。「光を厭う威力」により、アンティゴネーは、自分自身の「犯罪」とその「罪責」を胸のうちに認めざるをえない。

したがって、ヘーゲルがクレオーンの立場からアンティゴネーの「犯罪」をとらえているとするバトラーの読みは、ヘーゲルがアンティゴネーの「詐欺」について論じていたことを見逃している点で誤りである。ヘーゲルにとってアンティゴネーの「犯罪」は、クレオーンによる「人間の掟」に背くことのみを意味するわけではない。アンティゴネーの「犯罪」は、「人間の掟」に背いたのは「神々の掟」を遵守するためであるという彼女の第一の主張によって「無邪気な不正」として規定される。つまり、ここでアンティゴネーによって立てられた「神々の掟」と「人間の掟」という対立においては、各々の掟に従った行為が不正であるのは相手にとってのみであり、自分自身にとってそれは紛れもなく正義なのである。その意味で、第一の主張において、クレオーンにとっては国賊であり、アンティゴネーにとっては家族であるポリュネイケースの埋葬という行為は、「無邪気な不正」とみなされる。

しかしながら、同時にアンティゴネーは「詐欺」という不正を犯していた点で、アンティゴネーとクレオーンの対立は、たんなる「神々の掟」と「人間の掟」との対立ではない。というのも、彼女の第二の主張によって、本当は、兄ポリュネイケースのために「人間の掟」に背いて彼を埋葬したにもかかわらず、その口実として「神々の掟」を隠れ蓑にしていたということが暴露されるからである。それゆえにアンティゴネーは、対立する現実をだますという罪責に苦しむことになる。なぜなら、アンティゴネーにとってポリュネイケースは家族の一員にほかならず、したがって、彼女は他者の目には「神々の掟」を遵守する敬虔な主体として映るが、彼女の胸のうちでクレオーンをだまし、そして、彼女が遵守する神々を悪用しているからである。

したがって、バトラーはアンティゴネーの第二の主張において「神々の掟」への違反の契機を見いだし、そこに兄ポリュネイケースとのあいだの近親姦の可能性を読み取ったが、そうであれば、ヘーゲルもまた、この可能性をとらえ損なっていないことになる。とはいえ、重要なのは、ヘーゲルにとってアンティゴネーの「神々の掟」の毀損の罪責は、あくまで彼女の胸のうちの呵責にあるということである。というのも、個別的な死者である兄を埋葬するアンティゴネーの行為それ自体は、見かけ上、死者一般の埋葬を義務とする「神々の掟」になんら違反してはいないからである。つまり、ヘーゲルがアンティゴネーの第二の主張から読み取ったのは、アンティゴネーが「神々の掟」の遵守を装うことで、「人間の掟」を公然と違反する契機である。

アンティゴネーが兄を埋葬することは、死者の埋葬の義務を課す「神々の掟」を遂行することにほかならないが、アンティゴネーにとって「人間の掟」の違反を伴う「神々の掟」の遂行は、死者一般に対して適用されるわけではない。(14) それゆえ、アンティゴネーが従った法を「神々の掟」ではないものと解釈するバトラーに対して、ヘーゲルは、「神々の掟」という普遍的な正義を個別的な目的にまで貶めたものであると解釈する。つまり、ヘーゲルの読解において、アンティゴネーは、「神々の掟」を騙《かた》り、「神々の掟」を自らの行為を通じて実現することで、兄の埋葬という個別的な意志にもとづく行為を完遂したのである。

このようにして、アンティゴネーは必然的に「敬虔にふるまい不敬の謗りを受ける」ことになる。ここで彼女が負うのは、「人間の掟」に背いて兄を埋葬することを正当化するために、神々に従いつつ神々を悪用していることに対する「罪責」にほかならない。したがって、ヘーゲルにとってアンティゴネーが従ったのは、見かけ上は死者一般の埋葬を義務とする「神々の掟」と何ら変わるところのない。だがそれは、その適用範囲が親族一般へと拡張されることのない、兄ポリュネイケースとのあいだにのみ適用可能な法なのである。[15]

おわりに

ヘーゲルも、アンティゴネーの二つの主張から、彼女の「犯罪」における「詐欺」の契機を見いだし、そこに兄ポリュネイケースとの近親姦の可能性を読み取っていることが明らかになった。この成果を踏まえたうえで、ヘーゲルが女性の欲望と共同体の再生産との関連をどのようにとらえていたかを確認したい。

まず、ヘーゲルは女性の欲望についてどのように述べていたかを振り返ろう。留意する必要があるのは、ヘーゲルが兄と妹とのあいだの欲望の不在を指摘したのは、古代ギリシアにおける女性の人倫を規定する「神々の掟」の分析においてであるということである。つまり、血のつながる兄と妹とのあいだの近親姦を禁止するのは、ヘーゲルではなく「神々の掟」なのである。[16]したがって、ヘーゲルは「神々の掟」のなかに、兄に対する妹の欲望を禁ずるという近親姦の禁止を見いだしているといえる。[17]

さらにヘーゲルが「こうした兄妹間の欲望不在の関係は、自己完結した家族が崩壊すると同時に、自己の外に出ていく限界点である」（GW 9. 248）と述べている点に注目したい。ここでヘーゲルが読み取っているのは、近親姦の禁止が存在するからこそ、血のつながらない男女の婚姻関係の可能性が開かれるということである。しかし同時に、私たちは、ヘーゲルが女性の人倫は「欲望の個別性から疎遠なままにとどまる」点に見いだされると指摘していたことを忘れてはならない。つまりヘーゲルが『アンティゴネー』から読み取ったのは、女性が欲望の主体となるとき、その欲望の対象はこの夫やこの子どもではなく、夫一般や子ども一般でなくてはならないということである。したがって、女性は血のつながった男性に対する欲望を禁止されているのみならず、血のつながりのない男性に対しては無差別に欲望しなければならないとされていたのである。

さらに、ヘーゲルが『アンティゴネー』における家族（アンティゴネー）と共同体（クレオーン）の両者の没落を指摘していることは見落とされるべきではない。この点はバトラーをはじめ多くのフェミニズム批評家によって見過ごされてきた。(18) 共同体の没落は、アンティゴネーが許婚ハイモーンよりも兄ポリュネイケースを選んで死ぬことが引き金となり、ハイモーンの死と、その母親であるクレオーンの妃の死から連鎖的に引き起こされる帰結である。『アンティゴネー』は婚姻関係と血縁関係の対立に貫かれており、その悲劇は、女性が婚姻関係にある男性のために生きるのではなく、血縁関係のある男性のために死を選ぶことによってもたらされる。(19)

アンティゴネーが「神々の掟」をかたり近親姦の欲望を貫いて死を選んだのに対して、クレオーンの妃にとってハイモーンの存在は代替不可能な、かけがえのない存在であるからこそ、その死を嘆き、自らもそれに続いたのである。このようにしてクレオーンは没落する。女性の欲望を人倫の名のもとで二重の意味で規制して管理する掟が、女性の死を賭した違反によって破られるとき、男性主体の共同体の没落もまた引き起こされる。したがって、ヘーゲルの功績は、共同体の再生産の原理を、女性の欲望がいかにして統制されているかという観点から解明した点に認められるだろう。

推薦図書

ジュディス・バトラー『アンティゴネーの主張——問い直される親族関係』竹村和子訳（青土社、二〇〇二年）。

ジョージ・スタイナー『アンティゴネーの変容』海老根宏・山本史郎訳（みすず書房、一九八九年）。

ソポクレース『アンティゴネー』中務哲郎訳（岩波書店、二〇一四年）。

第5章

世界の不在と絶対者の現在——ガブリエルの新実在論

はじめに

今日、世界的に注目を集めている哲学として、しばしば「思弁的実在論」(Speculative Realism)の名前が挙げられる。(1) 二〇〇七年のロンドン大学でのコロキウムを機に始まった、グレアム・ハーマン(Graham Harman, 1968-)、レイ・ブラシエ(Ray Brassier, 1965-)、イアン・ハミルトン・グラント(Iain Hamilton Grant, 1968-)、カンタン・メイヤスー(Quentin Meillassoux, 1967-)らによる新しい実在論の運動は、諸々の哲学的伝統を横断するだけでなく、芸術や人類学など他分野も巻き込んで広がっている。しかし、同じく二〇〇〇年代の後半から、マルクス主義を再評価する「新唯物論」(New Materialism)や、大陸哲学と分析哲学の垣根を超えた「新実在論」(New Realism)などさまざまな実在論的思想が勃興してきていることも無視してはならない。いまや現代哲学全般が「実在論的転回」(2)を迎えつつあるとさえ評されるのである。

こうした思想動向は、二〇一〇年頃以降、日本でも雑誌『現代思想』の特集などを介して紹介が進んでいるものの、(3) 個々の理論を検討する試みはまだ十分になされていない。そこで本章では、現代の実在論の一つ、マルクス・ガブリエル(Markus Gabriel, 1980-)が唱える「新実在論」の内実とその哲学的意義を解明することを試みる。

ガブリエルは、豊富な哲学的知見と類稀な外国語能力を武器に「世界の哲学シーン」を駆け回るドイツの若手哲学者として知られているが(FS, 14f.)[4]、もともとはフリードリヒ・シェリング(Friedrich Schelling, 1775-1854)の後期哲学、とくに「神話の哲学」を専門とする研究者であった。二〇〇五年に後期シェリングの神話論研究『神話における人間』で博士号を取得したガブリエルは、古代懐疑論の研究によって教授資格を取得し、二十九歳の若さにしてボン大学の正教授に就任した。二〇一二年には、一九九〇年代から実在論的な主張を唱えていたイタリアの哲学者マウリツィオ・フェラーリス(Maurizio Ferraris, 1956-)と出会い、「新実在論」を共同で提唱。ベストセラーになった『なぜ世界は存在しないのか』(二〇一三年)、国際的な論集『新実在論』(二〇一四年)、『意義領野──新実在論的存在論』(二〇一五年)──ドイツ語改版『意義と存在』(二〇一六年)──など、新実在論に関する話題作を矢継ぎ早に発表しながら、同時に『超越論的存在論──ドイツ観念論論集』(二〇一一年)を執筆し、シェリング研究の新たな地平を拓くことに尽力している。

こうした来歴を一瞥するならば、ガブリエルの提唱する新実在論が、シェリングの後期哲学の現代版にすぎないのではないかと邪推されても不思議ではない。事実、その書籍化された博士論文の冒頭の問い、「世界とは何だろうか」は、のちの新実在論の中核となる問いであった。[5] しかしながら、ガブリエルの新実在論がもつ射程は、けっしてシェリング哲学の再解釈や発展的解釈にとどまるものではない。その意義はむしろ、シェリングを含むドイツ観念論哲学の根本課題のひとつ、すなわち、形而上学的・存在論的全体の理論的把握という課題に新たな光を当てた点にある。このことを明らかにするために、本章ではあえてシェリングの哲学ではなく、ヘーゲルの絶対的観念論を取り上げたい。シェリングの敵対者だったヘーゲルに対するガブリエルの解釈を検討することで、その問題圏がドイツ観念論の全体に及ぶことを示すことができるからである。

もっとも、ガブリエルは、基本的には、ヘーゲルの主張を「反実在論」として退けている。そのため、本章の考察は彼のヘーゲル批判に応答することを通じて行われなければならない。鍵となるのは、ガブリエルのいう「〈世界〉、もしくはより伝統的には〈絶対者〉と呼ばれる領域」(SE, 45) が、形而上学理論においてどのように位置づけられるのか、という点である。絶対者とは、近世形而上学を経由して古代から近代に継承された概念であり、必ずしもつねにキリスト教の神を暗示するわけではない。むしろ一般的には、「存在するものの全体」に対する形而上学的規定として用いられてきた概念である。「存在するものは理性である」(GW 14/1. 15) と考えるヘーゲルは、この意味での絶対者を自分の「理性的」な哲学体系と同一視していた。それに対して、絶対者もしくは「世界」は存在しない、と主張するのが、ガブリエルである。この両者の対決を再構成することで、絶対者＝世界の規定に関するヘーゲルの限界と、そうしたヘーゲルに対するガブリエルの一種の依存性が明らかになるだろう。

本章では、はじめに新実在論の「実在論」的主張の内実とその方法論的基礎である「領域存在論」を概観する。そのうえで、ガブリエルによるヘーゲル哲学の解釈と批判を検討し、それに対する反論を試みる。こうして再構成された二人の対決のゆくえを見守りつつ、最後に現代の哲学的状況における新実在論の意義に注意を向けたい。

1　新実在論は、どのような意味で「実在論」なのか

本章の課題は、ガブリエル新実在論のヘーゲル哲学に対する批判に応答することを通じて、その哲学的意義を明らかにすることにある。そのためにはまずもって新実在論における「実在論」の意味を確定しなければならない。というのも、ガブリエルは、ヘーゲルの絶対的観念論をたんなる観念論と解釈して、それに対抗するいわゆる実在論を主張するのではないからである。

いわゆる実在論とは、真に存在するものは、観念や表象、意識や思考ではなく、自然や現実であると主張する考え方のことである。現代でいえば、分析哲学の実在論／反実在論論争における前者の立場がそうした考え方を表わしているといえるが、より一般的には、近代哲学の主観と客観という図式で考えられたさいの実在論を思い浮かべるとよい。この場合、主観に依存しない客観、いわば「物自体」が現実存在として考えられる一方で、主観的なものはその現象とみなされる。

それに対して、新実在論は、客観だけでなく主観も客観もともに同等に存在する、と主張する。論文集『新実在論』によれば、「私たちの認識能力やそれと結びついた概念や能力は、一般に〈現実〉

や〈世界〉、〈自然〉、〈実在〉に分類されるような対象や事実とまったく同じように実在的もしくは現実的なのである」(DNR, 8)。実際、ポール・ボゴシアン(Paul Boghossian, 1957-)、ヒラリー・パトナム(Hilary Putnam, 1926-2016)、ウンベルト・エーコ(Umberto Eco, 1932-2016)らが執筆する各論文は、主題も方法論もさまざまでありながら、実在性ないし現実性を、主観または客観にだけ認めるのではない、という点において一致している。

新実在論のこうした基本的な主張は、その新しさが強調される歴史的文脈で際立ってくる。ガブリエルによれば、カント以前の哲学としての形而上学である「古い実在論」(WW, 15)は、主観とは独立に客観が存在すると見なす立場だった。つまり、だれが認識しても、あるいは、だれも認識しなくても、客観はそれ自体で存在すると考える立場だった。それに対して、カント以降の「構成主義」的哲学は、だれかないし「私」がそれを認識しているからこそ、客観は存在するのであり、それゆえ真に存在するのは主観であると考えられた。ここでのポストカント哲学はおもにポストモダニズムの哲学を指すが、一方で今日の物理主義や物質主義(唯物論)も批判の対象となる(WW, 33-47)。それゆえ、新実在論の「敵」はいわゆる観念論ではなく、物質であれ意識であれ、特定の存在者のみを真に存在すると主張する「反実在論」であるということができる。フェラーリスが強調するように、新実在論は、たんなる哲学的主張ではなく、「これまでの反実在論の支配に対する反発」として特徴づけられる(6)。

比較のために、同じ現代の実在論のなかでも、カンタン・メイヤスーの思弁的実在論を見てみよう。メイヤスーは代表作『有限性の後で』(二〇〇六年)のなかで、カント哲学に由来する「相関主義」(corrélationisme)を批判し、主観的な思考と客観的な存在との「相関的循環」の「大いなる外部」を、その意味での「絶対者」を追究している。[7] この思弁的実在論の試みは、当然ながら、ただ主観を捨象して客観の存在のみを主張する「素朴実在論」ではないが、かといってカント以前の「形而上学的独断論」でもない。メイヤスーは主観と客観の自立性を認めたうえで、どちらかを「超越論的なもの」に還元することなく、共通の「超越論的条件」を求めるべきだと主張する。[8] 思弁的実在論は、それ自身、主観の相関項ではないかぎりで「実在論」と呼ばれている。[9]

したがって、新実在論も思弁的実在論も、客観の存在のみを信奉する、いわゆる実在論ではない。それどころか、ガブリエルも「高階の存在論」という表現によって、対象の超越論的条件を問題にしており、しかもそれを主観や意識に帰すことはないから、この点でも両者は同じ立場に立っているといえる。二人が袂を分かつのは、当の超越論的条件をどのようなものとして理解するのか、という点にほかならない。メイヤスーの考えでは、それは「あらゆるものが別様でありうる」という偶然性、より厳密にいえば、「あらゆるものの偶然性という絶対的な必然性」である。[10] 究極的な偶然性という必然性だけが、主観の相関項になりえない相関的循環の外部である。一方、ガブリエルは究極的な超越論的条件が偶然性であることには同意するものの、それを必然性として規定することはない。新実在論における「実在論」とは、いっさいの必然的な超越論的条件抜き﹅﹅で、主観と客観を含むあらゆる存在者の同等の存在を認めることを意味する。

以上の考察によって、新実在論がいわゆる実在論とは異なり、「あらゆるものは存在するが、あらゆるものを究極的に条件づけるものは存在しない」という主張を含意することが示された。しかしながら、どのようにしてガブリエルはこの奇抜ともいえる主張を正当化することができるのだろうか。つぎの節では、ガブリエル新実在論の方法論である「領域存在論」(domain ontology)を概観し、ヘーゲル哲学との対決に備えることにしよう。

2 領域存在論の概要——ガブリエル新実在論の方法論的基礎

一 「意義領野」と「現実存在」

まずは、領域存在論における領域概念と現実存在概念を検討することで、「あらゆるものは存在する」という主張の根拠を確認したい。一般に、領域存在論とはある対象の存在を特定の領域に帰属するものとして考える理論を指すが、このときの領域は物理学や心理学といった学問領域を意味することが多い。しかし、ガブリエルのいう領域は、「国家、夢、実現しない可能性、芸術作品、とくにまた世界についての私たちの考え方」(WW, 17)というように、かぎりなく多様である。このためにたとえば、コーヒーという対象がコーヒーカップという領域に帰属するといった言明さえ可能である。それだけではない。コーヒーは「私の部屋」や「飲み物」といった領域にも帰属するし、さらに、それ自身がある種の化学物質にとっての領域でもある（FS, 160）。つまり、一つの対象が複数の領域に帰属することもあれば、対象自身が一つの領域になることもある。対象はただ特定の領域に帰属するだけでなく、領域ごとに異なるその「規則」によって規定される（FS, 161）。

このように、領域と対象は固定的に関係づけられることはない。多くの存在者（外延）が帰属するという点で、ガブリエルのいう領域は、ゴットロープ・フレーゲ（Gottlob Frege, 1848-1925）のいう「概念」ないし「意義」（Sinne, sence）に類似している（FS, 100f.）。しかし、領域に帰属する対象は、概念に帰属する存在者とは異なり、数的一と同一視されるものではない（FS, 160f.）。領域と対象との関係は、いってみれば、動的で多層的なものである。

こうした関係を適切に表現するために、のちにガブリエルは対象領域を、フレーゲの用語を取り込みつつ、「意義領野」（Sinnfeld, field of sense）と言い換えている。領野《フィールド》は、「電磁場」（electric field）というように、そこに帰属する対象を通じてはじめて見いだされ、属性を与えられるものを指す（FS, 157）。それゆえ、意義領野という概念を用いることで、学問領域のように輪郭の明確なものではないにもかかわらず、対象に先行して客観的に存在する領域を示すことができる。ガブリエルは、この意味での領野を「文脈《コンテクスト》」の専門的な表現であるとも述べている（FS, 158）。

さらに、この領野概念から、カントを足がかりにして、ガブリエル独自の現実存在の規定が導き出される。カントは現実存在を「可能な経験の領野」（A229/B281）のなかに現れるもの、すなわち現象に限定したが、一方では経験的に認識できないカテゴリーや理念、また「経験の領野」そのものの存在も暗に認めている。この点に着目したガブリエルは、カントが「存在論的一元論」を主張しつつも、実際には複数の領野を承認していると理解し、その観点から現実存在を「ある意義領野における現象」と解釈する（FS, 87-89）。現象といっても、それとは別に「物自体」が想定されているわけではない。思考の対象としての物自体もそれ自身「ある意義領野における現象」にちがいないからである。それゆえ、現象にはいかなる背後も彼岸も存在しないのだが（cf. TO, 62-73）、しかしだからといって、現象は意識に還元されたり主観的に構成されたりするものでもない。意識も主観も特定の領野にすぎないのだから、そうした特定の領野の現象だけを真に存在するものと主張することは許されない。ガブリエルによれば、存在するものはすべて何らかの領野のうちで現象する、あるいはむしろ現象することそれ自身が現実存在を意味している。したがって、いかなる思考や反省も、ガブリエルのいう現実存在を先回りしてとらえることはできない。それは、後期シェリングのいう「思考以前の存在」もしくは「事実」を表している（MML, 57-59）(11)。

以上の領域（領野）と現実存在の概念を踏まえることによって、「あらゆるものは存在する」という新実在論のテーゼが正当化される。それはコーヒー（客観）とコーヒーについての観念や意識（主観）がともに同等に存在することを意味するだけではない。たとえば、通常は存在しないといわれる「ユニコーン」などの空想上の生物も、コーヒーと同じように存在する。なぜなら、ユニコーンは、「ミルウォーキー州という領域」には現象しなくても、「映画『最後のユニコーン』という領域」には現象するからである（FS, 174-176）。領域の無限の多元性と多層性は、空想や妄想の領域を許容することで、あらゆる存在者の現実存在を保証するのである（cf. DNR, 196）。

二　「あらゆる領域の領域」もしくは「世界」

「あらゆるものは存在する」という新実在論のテーゼには、一つだけ例外があった。すなわち、「あらゆるものを基礎づけるもの」だけは存在しないのである。領域存在論は、この二つめのテーゼも正当化しなければならないが、それは、どのようにして可能なのだろうか。

すでに見たように、あらゆる存在者はかならず何らかの領域のうちで現象し、そこで規定される。だが、領域そのものも存在するのだから、ある領域はそれが現象する別の領域、つまり「高次の領域」に帰属するはずである（FS, 187-189）。そうであれば、当然あらゆる領域が帰属する「最高次の領域」ないしは「あらゆる領域の領域」も存在すると想定される。だが、そうした領域は存在しない。なぜなら、「あらゆる領域の領域」はそれが帰属するより高次の領域を持ちえないからである。最高次の領域はより高次の領域によって規定されるのではなく、ただ低次の領域との関係において消極的に規定されるほかない。「あらゆる領域の領域」としての「世界」は、マルティン・ハイデガー（Martin Heidegger, 1889-1976）の用語を借りるならば、「退隠」するだけである。「あらゆるものを基礎づけるものは存在しない」というテーゼを正当化するのは、諸領域の階層的な関係の総体なのである。

この階層理論的な無世界論の含意を確認しておこう。ある領域に帰属する対象同士の関係は、その領域の「規則」に従うが、同じことは領域同士の関係にも妥当する。つまり、ある領域と他の領域との関係は、より高次の領域の規則によって規定される。ところが、「あらゆる領域の領域」は存在しないのだから、領域同士の関係一般を規定する規則は存在しない。数学的規則でさえ、加算的なものという特定の領域に属する対象を規定するだけであり、あらゆる領域を支配することはない（FS, 243）。こうしてあらゆる存在者は、それぞれの領域のなかでは必然的規則に従っているとしても、根本的にはいかなる規則にも従うことはなく、その意味で偶然的である。この無世界論の様相的性格を、ガブリエルは、さきに触れたメイヤスーの主張「偶然性の必然性」に当て付けて、「必然性の偶然性」（MML, 81）と呼んでいる。ただし、後年ガブリエル自身が主張するように、数的一と対応しない「世界」はいかなる固有の様相も持たないと理解したほうが、より適切ではあるだろう（FS, 300）。

伝統的に形而上学が「実在の全体」（omnitude realitatis）を対象としてきたことを踏まえるならば、無世界論的な新実在論はまさしく「メタ形而上学的ニヒリズム」（FS, 187）と呼ばれるにふさわしい。

「世界は存在しない」という主張は、形而上学の対象そのものが存在しないことを意味するからである。しかし、そこから新実在論の意義が何よりも反形而上学的な考え方にあると推測するのは誤りである。なぜなら、この考え方だけを取り出すならば、それは、ハイデガーやルートヴィヒ・ヴィトゲンシュタイン（Ludwig Wittgenstein, 1889-1951）の形而上学批判にも見て取れるからである（FS, 196-201, SE, 58）。実際ハイデガーが、ガブリエルがしばしば取り上げる「世界像の時代」（一九五〇年）に先立って、『形而上学とは何か』（一九二九年）ですでに「存在の全体」を「無」ととらえ直しているのは、周知のとおりである。

したがって、ガブリエル新実在論の真髄は、反形而上学的な主張そのものにあると考えてはならない。それはむしろ、形而上学の対象である「世界」が存在しないことを独自の階層理論的な領域存在論によって理論的に基礎づけた点にある。この点はヘーゲル哲学との関係を考察するさいの要となる。

本節では、新実在論的主張を正当化する方法論として、ガブリエルの領域存在論を概観してきた。それによれば、いかなる存在者も何らかの領域のうちで現象し、そのなかで規定される。領域自身もより高次の領域によって規定されるが、「あらゆる領域の領域」は、最高次の領域であるがゆえに、けっして規定されることはない。その意味で、あらゆるものを条件づける「世界」は存在しない。このように無限に多様で多層的に構成された階層理論によって、あらゆるものの現実存在が保証されるとともに、「世界」の不在が正当化されるのである。

3 ガブリエルのヘーゲル解釈——絶対者の規定不可能性

新実在論の主張内容とその方法論的基礎を確認したところで、ガブリエルのヘーゲル解釈に目を向けてみよう。そもそもシェリング哲学を出発点とするガブリエルにとってヘーゲルとの接点は少なくない。たとえば、反省と存在の関係に関する両者の対立を論じたり（MML, 39-43, 56-60）、「理性の外部」に注目した後期シェリングのヘーゲル批判を検討したりしている。[12] だが、ここで着目するのは、「あらゆる領域の領域」としての「世界」がヘーゲルの「絶対者」に対応するという論点である。この点を詳論した『超越論的存在論』でガブリエルは、ヘーゲルの主著『大論理学』を取り上げて、同著の「企て全体を絶対者を定義する試みとして読解することができる」ものの、「その本質的な帰結は、絶対者は定義することができないという点にある」（TO, 106）と主張している。この逆説的な主張は、絶対者＝世界を規定しようとしたヘーゲルの試みは失敗せざるをえない、という批判を含んでいる。本節では、こうした批判に帰着するガブリエルのヘーゲル解釈の要点を浮き彫りにしていく。そのためには、『超越論的存在論』の議論に沿って、絶対者の概念それ自身を主題とする『大論理学』の「現実性」章から、『大論理学』の「絶対的理念」と『エンチクロペディー』の「絶対的精神」にいたるヘーゲルの体系哲学全体をたどり直さなければならない。

ガブリエルは『大論理学』の読解に取りかかるまえに、その前提として伝統的な絶対者概念を整理している。それによれば、絶対者とは「規定の関係の総体」、すなわち「世界」を定義するために用いられた概念だったが、それを「世界」から超越したものとして切り離すか、「世界」に内在したものとして同一視するかで、二つの立場に別れる（TO, 107f.）。前者は新プラトン主義に代表される「超越的形而上学」であり、後者はスピノザ主義に代表される「内在的形而上学」である。そして、この区別のもとでは、ヘーゲルの立場はスピノザ主義的でない内在的形而上学であるということになる。ガブリエルによれば、ヘーゲルは自分のこの立場を、『大論理学』の「現実性」における絶対者の解釈を通じて段階的に正当化しているという（GW 11. 370-379, TO, 108-113）。

まず、ヘーゲルは、絶対者にいかなる述語（規定）も帰属させない「超越的形而上学」の立場を検討する。この立場において絶対者は、絶対者自身によってではなく、「私たち」の「外的反省」によって規定されている。しかし、絶対者から区別された「外的反省」は、その外在性のゆえに、「規定の関係の総体」としての世界を規定することができない。

つぎに、ヘーゲルは、あらゆる有限者を絶対者の「現象」と見なす「超越的形而上学」の別の立場の考察へと移る。この場合、絶対者は「純粋な空虚」として規定されているが、それでも絶対者と有限者が「私たち」の「外的反省」によって区別され規定されることに変わりはない。

最後に、ヘーゲルは、スピノザの「内在的形而上学」を検討していく。スピノザは絶対者である実体を思考と延長の区別や諸々の様態によって内在的に規定するが、それらはそれ自身によって完全に規定されることはない。属性や様態はやはり「私たち」の「反省」によって結びつけられているにすぎないのである。

このような『大論理学』の「現実性」章の解釈によれば、絶対者を規定するには、絶対者を「規定の関係の総体」から切り離すのではなく、その内部で遡及的に規定するしかない。正確にいえば、絶対者が自分自身で自己を遡及的に構成し、「規定の関係の総体」として規定する、あるいはむしろ、そうした自己構成・自己規定の運動それ自身でなければならないのである。ヘーゲルが「自分を顕現させること」(GW 11. 375) と呼ぶこの絶対者の存在論的性格を、ガブリエルは、「形而上学的反省にとって不可欠な概念」(TO, 113) と理解する。それゆえ、絶対者の概念は、形而上学の方法を規定した『大論理学』末尾の絶対的理念の解釈に結びつけられる (TO, 113)。彼の考えでは、遡及的な自己構成・自己規定というヘーゲルの絶対者は、「絶対的方法」(GW 11. 250) の核心なのである。

さらにガブリエルは、絶対的理念を『エンチクロペディー』末尾の絶対的精神との関係において論じていく。それによれば、芸術・宗教・哲学からなる絶対的精神は、絶対的理念である絶対者の「活動において実現された具体的な自己知」(TO, 114) であり、自然と精神というヘーゲル「存在論」の「内容」(TO, 115) を表わしている。この解釈は、論理学で規定された絶対者が自然哲学と精神哲学を経由して絶対的精神へと展開するという『エンチクロペディー』の理論構成を言い換えただけではない。

そこでガブリエルは二つの特徴的な主張をしている。一つめは、絶対者の自己知といっても、それが「有限な思考者」である「私たち」から遊離することはない、という主張である（TO, 116-118）。『大論理学』における絶対者の規定からもわかるように、「私たち」の「外的反省」はしだいに絶対者の自己構成の運動に取り込まれるが、だからといって「私たち」の反省が消滅するわけではない。「ヘーゲルの絶対者はむしろ、つねにすでに私たちが反省においてそれを規定するかぎり、私たちとともにある」（TO, 115）。この観点は、ガブリエルがいたるところで強調する人間的実存の有限性という論点に結びつく（cf. MML, 75）。

二つめの主張は、絶対者の展開としてのヘーゲル哲学体系のなかに一種の階層構造を見て取る点である。ガブリエルの解釈では、自然哲学の対象である自然は「精神からの自立」を意味し、精神哲学の対象である精神は「精神からの自立性の、高次の精神への依存」を意味する（TO, 115）。つまり、自然と精神は相対的に自立しながらも、精神のほうが優位にある存在論的な階層構造を取っている。さらに、『エンチクロペディー』の理論構成において、自然哲学と精神哲学はともに論理学を前提としている。ガブリエルによれば、ヘーゲルの論理学はウィルフリド・セラーズ（Wilfrid Sellars, 1912-1989）のいう「理由の論理空間」であり、それによってはじめて自然も精神も「理解可能」（intelligible）になる（TO, 115）。したがって、論理学から出発するヘーゲルの哲学体系の全体は、たんなる「事実の総体」ではなく、また精神から離れた「世界の構造」でもなく、より高次の「全体」として考えられなければならない（WKIH, 184）。それは、自然哲学や精神哲学といった「一階の形而上学的な見方」ではなく、そうした下位の形而上学を含む「メタ形而上学的な」見方なのである（WKIH, 185）。

本章の関心からしてより重要なのは、二つめの主張であろう。ヘーゲル哲学体系を階層理論として解釈することは、「規定の総体の自己構成」である絶対者を、「あらゆる領域の領域」すなわち「世界」と同一視することを意味するからである（TO, 123）。そうすると、ヘーゲルの狙いでは、「世界」は自らのメタ形而上学的な哲学体系によって完全に理論的に規定されることになる。だが、「あらゆる領域の領域」である「世界」はより高次の領域をもたない以上、規定されることはありえない。まさにそれゆえに、ヘーゲルの絶対者は本来、「定義することができない」（TO, 106）、とガブリエルは批判するのである。

『超越論的存在論』の議論の後半では、ヘーゲルの絶対者概念のこうした問題性が、後期シェリングの視角から鮮やかに描き出される。シェリングも、絶対者の理論的な自己構成を否定することはないものの、その帰結はけっして完全な「自己透明性」にいたることはなく、かえって自らの哲学体系の偶然性を露呈させる。後期シェリングの哲学的言説は、ヘーゲルの哲学体系とは異なり、最終的には「偶然性の遊動空間」のうちに置かれるのである（TO, 119-122）。

こうしたシェリングとヘーゲルの対比はそれ自身とても興味深いが、本章では、むしろヘーゲル哲学に内在してこのガブリエルによる批判の妥当性を検討することにしたい。

4　ヘーゲル批判とその応答——ガブリエル新実在論の逆説

いま一度、要点を確認しよう。ガブリエルによれば、ヘーゲルは「規定の総体の自己構成」である哲学体系によって、「あらゆる領域の領域」つまり「世界」が規定されると考えている。しかし、高次の領域を持たない「世界」は本来規定されえない。それゆえ、ヘーゲルはもともと「定義することができない」はずの「世界」を定義しており、そのかぎりで、「間違っている」(WW, 105) ことになる。この「間違い」は、新実在論の枠組みでいえば、ヘーゲルが「反実在論」の立場をとっていることを意味する。なぜなら、新実在論の主張の一つは「あらゆるものを基礎づけるものは存在しない」という点にあったが、ヘーゲルの狙いは、哲学体系によって存在者の全体を基礎づけることにあったといえるからである。新実在論から見れば、「存在するものは理性である」(GW 14/1. 15) というテーゼは、あらゆる存在者を「理性」という特定の領域に還元することにほかならない。

ガブリエルの論難は、絶対者の理論的で理性的な自己規定というヘーゲル哲学の核心を突いており、それだけに反論しがたいように見える。しかし、それは本当に批判として的を射ているのだろうか。的を射ていないとすれば、それはすなわち、元来ヘーゲル哲学はけっして「あらゆるものを基礎づける」試みではなく、むしろ徹底した反基礎づけ主義である、という反論を意味するであろう。この見解は、たとえば、否定性を重視するスラヴォイ・ジジェク（Slavoj Žižek、1949-）のヘーゲル解釈に見て取ることができる。ジジェクによれば、「ヘーゲルの主体〔＝絶対者〕とは、……現象を限界づける純粋に否定的な身振りであり、その限界の彼方を満たすいかなる肯定的な内容も与えることはない(13)」。それゆえ、ヘーゲルがどれだけ絶対者の存在を主観的に確信していようと、そこで実際に表現されていることは絶対者の規定不可能性である。そうであれば、ガブリエルの見解とは反対に、ヘーゲルは新実在論の立場をとっていることになる。

しかしながら、このような観点からの反論は失敗に終わらざるをえない。なぜなら、ヘーゲルの哲学体系は、まさに絶対者としての「全体」を表現するものとして肯定的に規定されているからである。たとえば、『精神現象学』の序説で彼は、「真なるものは全体である。しかし全体とはただその展開において自らを完結させる本質だけである」と述べたうえで、この全体を「絶対者」と呼んでいる（GW 9. 19）。「真なるものはただ体系としてのみ現実的」（GW 9. 22）なのだから、絶対者ないし全体と名づけられたものは、「自分を精神として知る精神」（GW 9. 433）としてのヘーゲルの哲学体系以外ではありえない。この体系の内容だけが「現実的」であり「真」なのである。

後年の『エンチクロペディー』の体系は、「理念」に力点が置かれているものの、本質的には同じ発想にもとづいている。

自由な真なる思想は、自分自身のうちで具体的であり、それゆえそれは理念である。そしてそのまったき普遍性において、理念そのものであり、絶対者である。この絶対者の学は、本質的に体系である。(GW 20. 56)

このようにヘーゲルは自分の哲学体系を躊躇なく「絶対者の学」と見なしているのだから、仮にジジェクの主張する「否定性」がヘーゲル哲学の一つの根本性格を形づくるとしても、それは体系のあらゆる側面を説明するものではありえない。新実在論者ヘーゲルという見立ては、少なくともヘーゲル哲学から「肯定性」を捨象したときにはじめて成立しうるものである。

ここで発想を逆転させてみたい。ガブリエルのヘーゲル批判に真っ向から反論するのではなく、かえって批判の前提に光を当てるのである。思い出されるべきは、新実在論が領域存在論という階層理論に基礎づけられていたこと、そしてヘーゲルの体系哲学もまた一種の階層理論と理解されていたことである。ガブリエル自身も、自らの領域存在論を、ヘーゲルの「規定的否定」を「再構成」したものであると語っている(TO, xxvii)。そうであれば、新実在論の方法は元来、哲学体系を構築するヘーゲルの方法論に由来していることになる。だが、そもそも領域存在論は、どのような意味で「規定的否定」の「再構成」であるといえるのだろうか。

ヘーゲルは『エンチクロペディー』の緒論で、哲学体系の全体が構成される仕方について、つぎのように論じている（GW 20. 57）。すなわち、「自分自身のうちで閉じた一つの円環」である各々の領域に帰属する概念は自己運動することでその境位を突破するとともにさらなる領域を基礎づけ、そうして各領域が必然的に継起し合うことで「諸円環の円環」（GW 20. 56）としての哲学体系を形成するのである。こうした諸領域を階層的に限定し規定していく理論形成の仕方は、たしかにカントやシェリングにも見受けられるものの、何よりもヘーゲル哲学の方法論を特徴づけるといってよい。ところでガブリエルの領域存在論も、無限の諸領域の動的な階層構成によって「世界」を考察する方法論だった。それゆえ、ガブリエルはヘーゲル哲学の方法論的特徴を摂取し「再構成」して、自分の領域存在論を練り上げたと推測できるのである。

もちろん領域存在論の道具立てがヘーゲル哲学のものとだいぶ異なることは指摘するまでもない。ガブリエルは弁証法や概念の自己運動には目もくれず、代わりにフレーゲの意義概念などを導入して応用する。また、ヘーゲルが絶対者の存在を主張するのに対して、ガブリエルは「世界」の非存在を主張するという結論の対称性も軽視するべきではない。しかし、それにもかかわらず、領域存在論とヘーゲルの哲学体系はともに、その遂行そのものが全体を構成する階層理論的な理論形成の方法である、という点において相違はない。新実在論と反実在論の分岐点は、あくまで理論形成の結果にある。それゆえ、反実在論の「間違い」を論証するためにも、ガブリエルは、ヘーゲルと同様、全体を構成する理論を構築しなければならないのである。このことは、ヘーゲル批判への直接的な反駁にはならないものの、その批判の前提となる方法論がきわめて「ヘーゲル的」であることを暴露する。この点でガブリエルは、「神話」に帰着する後期シェリングよりもヘーゲルに近いといっても過言ではない。ガブリエルは、新実在論を提唱するまえは、シェリングから着想をえた「神話学の神話学」という「実存的プロジェクト」(MML, 74)を企てていた。それに対して、新実在論以降は、領域存在論をベースに他の哲学思想との「対話」を積極的に進めている(SE, 60)。この一種の方向転換は、根本的な立場変更ではなく、無世界論的な結論そのものよりも、その結論にいたる理論的な方法論の有効性を重視するようになったことを示唆していると理解できる。理論＝理性に徹するヘーゲル的なアプローチは、近年のガブリエルにとってますます重要性を増しているのである。

おわりに

本章ではこれまで、新実在論の新鋭ガブリエルによるヘーゲル批判とその応答の可能性を考察してきた。最後に、両者の対決のなかから浮上してきた、一つの論点に注意を払いたい。それは、絶対者や世界と呼ばれていた全体という存在論的・形而上学的概念のアクチュアリティである。この概念が現代哲学において有する意義を確認することで、ガブリエル新実在論の射程を推し量ることができる。「全体」という問題が、現代のヘーゲル哲学研究の論点の一つとなっていることは論を俟たない。

それは、ネオプラグマティズムのヘーゲル主義者による主観（心）と客観（世界）の一致、あるいは「意味論的全体論」（semantic Holism）というとらえ方に端的に表れている。しかし、彼らの全体概念は、必ずしもガブリエルがヘーゲルから取り出したものと同じではない。たとえば、ジョン・マクダウェル（John McDowell, 1942-）は、自己意識的知性の自己規定という観点からヘーゲルの客観性概念を理解するが、(14) ガブリエルにいわせれば、このように知性（主観）から出発して客観にいたるという全体の理解はカントに由来しており、ヘーゲルの存在論的動機とは合致しない（TO, XV）。彼の解釈では、主観と客観の同一性は解明されるべき課題ではなく、「原理的に発見されうるもの」として存在論的に前提されている（WKIH, 185f.）。そうした存在論的・形而上学的な視点を度外視したヘーゲル哲学は、「〈デフレ化された〉ヘーゲル像」にすぎない（MML, 32f.）。ガブリエルによれば、存在論的・形而上学的な全体概念こそが、ヘーゲルの現代的解釈において評価されるべきなのである。

存在論的全体という論点は、現代の他の実在論的思想、たとえば、メイヤスーの思弁的実在論も避けて通ることはできない。もともとメイヤスーにとってヘーゲルは「マルクスに加えて――私の唯一本当の師だった」とされるほど重要であるが、(15) とりわけその全体概念は、『有限性の後で』のなかで「偶然性の必然性」が導出されるさいに決定的な役割を果たしている。あらゆるものの偶然性が唯一の必然性として認められるためには、矛盾を許容するヘーゲル的全体が排除されなければならない、というのである。(16) しかし、矛盾理解の是非はともかくも、ここでの全体概念の妥当性はきわめて疑わしい。(17)

なぜなら、メイヤスー自身、相関的循環とその外部という表現でもって明らかに存在論的全体を前提している以上、「全体を排除する」ことが可能だとも必要だとも思えないからである。ガブリエルは、メイヤスーが最終的に存在論と数学を同一視し、反省のさまざまな階層を区別しないことを批判するが（MML, 85-87）、こうした難点はメイヤスーが結局のところ存在論的全体という問題をとらえ逃していることを表している。

ガブリエルが挑発的に提示したように、存在論的・形而上学的な全体概念が、今日の哲学的な論争状況のなかで、一つの焦点となっているのは間違いないだろう。しかし、全体をどのようにとらえるか、絶対者とは何かという問いは、もとより現代哲学ではじめて提起されたものではない。古来より継承されてきた形而上学の根本問題の一つであるこの難問に対して、ドイツ観念論の哲学者たち、とりわけヘーゲルは、徹底した理論的アプローチによって応えようとした。ガブリエルが光を当てたのは、絶対者ないし世界を理論的に把握するという、ドイツ観念論のアプローチそのものなのである。新実在論の主眼がこの点に存するのであれば、その意義は、「現代思想」としての新奇さにではなく、むしろ伝統的な問題の真摯な問い直しにあると受け止められなければならない。

推薦図書

カンタン・メイヤスー『有限性の後で——偶然性の必然性についての試論』千葉雅也・大橋完太郎・星野太訳、人文書院、二〇一六年。

マルクス・ガブリエル／スラヴォイ・ジジェク『神話・狂気・哄笑——ドイツ観念論における主体性』大河内泰樹・斎藤幸平監訳、堀之内出版、二〇一五年。

Markus Gabriel, *Warum es die Welt nicht gibt*, Berlin: Ullstein, 2013.

Markus Gabriel, *Transcendental Ontology: Essays in German Idealism*, New York: Bloomsbury, 2013.

Markus Gabriel, *Sinn und Existenz: Eine realistische Ontologie*, Berlin: Suhrkamp, 2016.

終章　語りうるものとしての生命——現代の生命論

はじめに

ヘーゲルは主著の『大論理学』で、独自の生命論を展開しており、ヘーゲルの議論のなかに、たとえば生命倫理や医療倫理あるいは環境倫理といった生命をめぐる現代の問題について具体的かつ有効な回答を求めることもできるかもしれない。しかし、ヘーゲルの思想と現代の思想とでは、そもそも生命を論じるさいの前提があまりにも違いすぎる。

ところが、現代の多くの議論の前提は、すでに二〇〇年以上もまえに、ヘーゲルが自らの生命論において、明に暗に批判的に論じていたものである。したがって、むしろ現代の生命論をめぐる議論からは完全に離れて、ヘーゲル自身の生命論を見ていくことによって、生命をめぐる現代の問題を、あらためてとらえ直すこともできるのではないだろうか。そこで本章では、現代の生命論が前提としているものを、ヘーゲルによる生命をめぐる議論のなかで明らかにし、生命をめぐる現代の議論もそのような前提を共有していることを指摘しておきたい。

ヘーゲルによる生命についての議論が、なぜ現代の議論と関係するのか。理由は単純である。現代の生命論をめぐる状況は、ヘーゲルが活動していた時代にすでに生まれつつあったからである。それは、フランスの哲学者ルネ・デカルト（Rene Descartes, 1596-1650）やイギリスの自然哲学者アイザック・

ニュートン（Isaac Newton, 1643-1727）によって確立された、近代の自然科学における機械論的自然観と、いわゆるロマン主義における自然観との対立に見られる。対立とはいうものの、実のところ、両者のあいだには奇妙な一致もあった。それは、いずれの立場においても、生命は神秘的なものでありいわば「語りえないもの」とされていたということである。

このことはとくに、ドイツの哲学者フランツ・バーダー（Franz Baader, 1765-1841）が論じた、生命の「自発性」といった考え方に顕著である。[1] すなわち一方で、近代自然科学における機械論的な世界観では、生命ある自然の自発性は説明されないのであり、その意味で、生命ある自然は神秘であり語りえないものとされた。しかし他方で、ロマン主義的な自然観は、当時の最先端の科学分野であった生物学や化学の成果を取り入れつつも、生命ある自然の自発性の根拠をオランダの哲学者バールーフ・デ・スピノザ（Baruch De Spinoza, 1632-1677）の「神は自然であり、自然は神である」という汎神論に求め、生命ある自然を把握するための方法として、ドイツの思想家フリードリヒ・ハインリヒ・ヤコービ（Friedrich Heinrich Jacobi, 1743-1819）の「直接知」やドイツの哲学者フリードリヒ・シェリング（Friedrich Schelling, 1775-1854）の「知的直観」について論じてもいた。[2] つまり、近代の自然科学とロマン主義のいずれにおいても、生命ある自然は、論証によっては、つまり、ことばという媒介を通しては、把握できないものとされ、神秘的なものであって語りえないものとされていた。[3] このような事情により、たとえばロマン主義者たちの自然観においては、逆説的に、生命あるいは自然の本質は私たちの目の前にあるこの世界とは別のどこかにあるものとしてイメージされざるをえなくなった。

ヘーゲルは『大論理学』のなかで「本質は現象しなければならない」(GW 11. 323) と述べている。これは、ヘーゲル哲学の基本的な態度を示すことばであり、ヘーゲルの生命論にもこの態度は当てはまる。自然の本質としての生命は、私たちの目の前に広がるこの世界とは別のどこかに語りえないものとしてあるのではなく、私たちの目の前に現れていなければならない。そしてさらに、それはことばで表現されなければならない。ヘーゲルはこのように考えていた。この点で、ヘーゲルの考えは、自然の本質をことばによる論証という媒介なしにそのまま知られるとしたロマン主義とは決定的に異なっている。ヘーゲルの哲学において、生命が「論理学」において、つまり、ロゴスであることばの学問において問題となるのもそのような理由によっている。

では、本質としての生命は、どのようなプロセスを経て現象するのだろうか。このことを論じていくのがヘーゲルの生命論であり、このプロセスをヘーゲルは理念と呼ぶ。端的にいえば、理念とは、生命が現象するプロセスのことである。ここで注意すべきは、ヘーゲルが論じる理念とは、たとえば、いつか実現されるべきあるものにとっての理想といったものではなく、まさに現に展開されているあるものの本質のことである。ヘーゲルは生命を、そのようなものとしての理念が現象するプロセスとしてとらえている。

ヘーゲルのこのような生命論は、生命の当事者である私たちにとってはどのように語られるのだろうか。あるいは、どのように語られなければならないのだろうか。生命の問題をめぐる現代の議論が見落としてきた前提とは、生命を論じる私たちの一人ひとりがまさに生命の当事者であるということである。現代の生命論においては、まさにそのような前提が忘れられてしまっているのであり、そのような事態は、根本的には、生命が語りえないものとされてしまっていることにかかわっている。

では、ヘーゲルの哲学において、生命が理念としてとらえられるとは、どのようなことなのだろうか。以下において、そのことを『大論理学』を読み解くことによって明らかにしていく。

1 理念としての生命

ヘーゲルの『大論理学』では、生命は、第三巻「概念論」の第三編「理念」の第一章「生命」において、主題的に論じられている。第三編「理念」は、第二編「客観性」に続くのであり、また、第三編「理念」においては、第一章「生命」に第二章「認識の理念」が続くのであるが、このような構成において生命が語られるところにも、ヘーゲルの生命論の独自性がうかがえる。第一章「生命」が第三編「理念」のなかに位置づけられているように、ヘーゲルの論じる生命は、ヘーゲルが理念と呼ぶものとの関連において論じられている。ヘーゲルはこのような理念について、いわば総論的に、三つの観点から論じている（GW 12. 177）。

第一に、理念とは「普遍的なもの」であり、概念と客観（あるいは客体）の「同一性」であるとされる。「同一性」という表現からもわかるように、ここには、概念と呼ばれるものと客観（あるいは客体）と呼ばれるものとのあいだの区別や対立が、いわば潜在的に含まれている。第二に、統一された状態、つまり普遍的な状態における理念において、概念と客観（あるいは客体）とが切り離される。すなわち、区別と対立が「特殊」な状態として顕在化する。ここにおいて、いまや客観（あるいは客体）と区別され対立するものとなった概念は、「主体」としてとらえなおされる。そして、この主体すなわち概念は、ヘーゲルが「強制力」と呼ぶ力によって、対立する客観（あるいは客体）を自らのもとへと引きもどす。こうして第三に、理念はふたたび一つのものへともどる。これが理念というプロセスである。

つまり、理念とは、最初は一つであったものにおいて生じた区別や対立が、ヘーゲルの用語でいえば、同一性のなかに生じた非同一性が、乗り越えられてふたたび同一性へと向かう動的なプロセスとしてとらえられるのである。注意しなければならないのは、普遍的な同一の状態にしても、特殊的な非同一の状態にしても、それらはいずれも理念そのものなのではなく、理念という一つのプロセスの、いわば二つの側面にすぎないのであって、むしろ逆に、それらはいずれも理念という一つのプロセスのなかにあって意味を持つ、ということである。

また、普遍や特殊という用語は、個別という用語ともに、ヘーゲルの『大論理学』を読むさいに踏まえておかなければならない用語であり、本章でこれから読むヘーゲルの生命論を理解するためにも、ぜひとも押さえておかなければならない。そこで、右に見たプロセスとのかかわりで、これらの用語がどのように使われるのかを、ここで確認しておこう。

理念のプロセスにおいて、概念と呼ばれるものは第一に、まずは一つの普遍的なものとしてある。しかし、それは単純なものなのではなく、対立という特殊な状態あるいは対立の一方の項としての特殊なものを解消あるいは否定されたものとして、そのうちに含みつつ一つのものとしてある。特殊な状態を否定されたものとしてうちに含んでいるがゆえに、これは否定態とも呼ばれる。理念のプロセスの第二の段階、つまり区別や分離の段階とは、普遍的なもののうちに解消されていた特殊な状態が顕在化する段階である。概念の客観性とは、顕在化した対立の一方の項をなすものを意味するのであり、これが特殊なものと呼ばれることもある。このような区別や分離は乗り越えられ、第三の段階において、ふたたび最初の同一性が回復される。つまり、一つの普遍的なものへと帰るのであるが、一つのものとしてあるという意味で、同時に個別的なものとしてある。

概念と普遍・特殊・個別との関係についていえば、普遍・特殊・個別のなかのどれが本当の概念であるとか、完全な概念であるということはいえない。そうではなく、概念という一つのものが、いわば三つの現れ方をするのである。これら三つは、ヘーゲルの用語でいえば、「モメント」（契機）なのであって、三つのなかのどれに注目しても他の二つが導き出される。つまり、ヘーゲル哲学における概念とは、必然的に、一つの側面と他の側面が動的に関係づけられる、そのような運動の構造である。

生命についての議論においては、生命体を構成する要素はバラバラにあるのではなく、概念の構造のもとに動的に関係づけられている。つまり、概念の構造のもとにあるからこそ、生命体はつねに運動している。これが、生命活動にほかならない。概念とは、生命活動を成り立たせているという意味で、運動の原理である。理念としての生命、あるいは、本質が現象するプロセスとは、概念のこのような運動のことである。そして生命の直接態、私たちの目の前に現れている理念としての生命は、「生きている個体」において見いだされる。つまり、さしあたり理念は、直接的に、私たちの目の前にある、生きている有限な生命体において見いだされる（GW 12. 182）(4)。

ここで、ヘーゲルはたびたび、概念を生命の「魂」であると表現している（GW 12. 183）。これに対して、概念である魂に対する存在とは、機械的・化学的な存在である。たとえば、さきに見た概念の客観（あるいは客体）とは、さしあたっては生命体に固有の身体であり、さらには身体と同じく機械的・化学的な存在である、個体にとっての外の世界である。生命活動は、運動の原理であり概念である魂が「主体」となって、機械的・科学的な存在である身体や外の世界を「客観」あるいは「客体」としてかかわることで成り立っている。機械的・化学的存在との関係において、概念である魂は主体となり、さらには、概念である魂が、生命体を生命活動の主体とするのである。

デカルト以来の機械論的自然観では、いわゆる心身二元論が唱えられてきた。そこでは、生命体は魂と身体からなる、と表現される。しかし、そのような自然科学的なとらえ方では、生命を把握することは困難であると、ヘーゲルは語っている（GW 12. 181）。ヘーゲルは、自然科学的な思考を、「反省の関係や形式的な概念の規定に固執する思考」とみなし、そのような思考にとっては、「客観性の外面態のなかでの原子論的な物質の絶対的な数多性のなかでの生命の概念の統一」、つまり、複数の肢体や器官からなる身体に一つの概念である魂が偏在しているという事態は、「絶対的な矛盾」であり「把握しがたい神秘」とされざるをえない（GW 12. 181）。

だからこそ、生命体を把握するためには、自然科学的な把握の仕方とは異なる把握の仕方が必要なのである。ただし、ここで注意しなければならないのは、魂と身体の関係は把握しがたい神秘であるといった立場にとどまってしまうと、ロマン主義的な見方に陥ってしまうということである。ヘーゲルは、どちらの見方をも乗り越えるために、概念である魂と、その客観（あるいは客体）である身体を、ともに生命を把握するための不可欠の要素とみなす。言い換えれば、両者をともに、生命が理念として現象するための不可欠の要素とみなす。

ヘーゲルの『大論理学』では、第三巻「概念論」の第三編「理念」の第一章「生命」において、生命は「A　生きている個体」「B　生命のプロセス」「C　類」という順番で論じられる。「A　生きている個体」では、もっぱら個体の内部の働きが考察され、「B　生命のプロセス」では、個体とその外部の世界とのかかわりが考察される。そして「C　類」では、個とそれを超えたものとしての類について論じられていく。たとえば、人間の場合であれば、個人と人類について、個体同士の関係からその生成プロセスが考察される。以下、各々の箇所の重要な点を見ていこう。

2 生きている個体

ヘーゲルはこの個所を、前節で見た魂と身体の関係から論じていく。まずは生命のある個体を、一方では、生命の魂あるいは概念において、すなわち、自ら始め、自らを運動させる原理である「主体」としてとらえる。しかし他方では、主体としての魂である概念が客観的な存在を、つまり身体を、自分自身のもとに持っているという面からもとらえる。つまり、主体である概念あるいは魂にとって、身体が目的を実現させるための直接的な手段としての「客体」であるという面からもとらえる（GW 12. 183）。

「A　生きている個体」では、生きている個体がその固有の目的に向かう活動が、もっぱら個体の内面に着目して論じられる。具体的には、現代の生物学において「代謝」と呼ばれる機能について論じられるのだが、ヘーゲルはこれを「感受性ないし自己感情」「興奮性あるいは被刺激性」「再生」という三つの側面から論じている（GW 12. 185f.）。

ここで注意しなければならないのは、この三つの機能は相互に関連し合って一つのプロセスとなる、ということである。すなわち、生きている個体は、自らの内部に外部のものを取り入れることができる。個体は取り入れられた外部のものを客体すなわち自らに対立するものであると感じると同時に、自らを主体であると感じる。そして、取り入れられた外部のものに刺激を受けて、それに抵抗しながらもそれを自らに同化させる。これらの働きが完了したとき、生きている個体はふたたび、内部に対立のない一つの個体にもどる、つまり再生している。それだから、三つの働きを一つずつ取り出しても意味はない。感受性と被刺激性は再生においてはじめて意味を持つ。また逆に、再生は感受性と被刺激性を前提としてはじめて成り立つ。つまり、三つの働きは互いにモメントとして機能する。そして、三つの機能についてのこの議論を、普遍・特殊・個別という観点から、あるいは概念の運動という観点から見るならば、つぎのようにとらえ直すことができる。

まず、感受性が働いている状態、つまり外部のものを取り入れることができる状態とは、生きている個体の普遍的なあり方である。つぎに、個体は、被刺激性において取り入れられた外部のものよって刺激され、そのものに抵抗して対立する。これが特殊な状態である。そして、再生において、対立という特殊な状態は乗り越えられて、一つの個体つまり個別的なものとしての統一が回復される。注意しなければならないのは、ここで生命とされているのは魂ではない、ということである。つまり、どこかに目に見えない魂なるものがあって、それが生命とされているのではない。生命とは、身体を手段とした魂の、それ自体としては生命活動ではない機械的・科学的な活動を通じて、つまり代謝の働きを通じて現れるプロセスそのものなのである。

ヘーゲルは、生命体の機能や活動について論じるとき、たびたび「衝動」ということばを用いている（GW 12. 184, 186）。この表現について、ここで少し立ち入って考えておこう。生きている個体は、さしあたり再生をその目的としている。つまり、自らが生きていることを維持しようとする。だが、感受性や被刺激性において、再生は生きている個体によって目的として自覚されているわけではないのであって、さしあたっては再生への目的なき衝動とでも呼ばれるほかはない。ところがいまやこのような衝動の根拠が示されている。つまり、再生とは、生きているということ自体を維持していくことなのである。そしてここから、つぎの「B　生命のプロセス」では、目的に向かう生きている個体の外の世界とのかかわりについて論じられる。

3　生命のプロセス

ここでは、生きている個体を主体とする魂が、客体である身体を手段として同じく客体である外の世界を支配していくプロセスが論じられる。そのプロセスとは、生きている個体が欲求と苦痛を乗り越えていくプロセスである。すなわち、生きている個体が、いわば「欲求と苦痛の主体」として論じられていく（GW 12. 190）。

個体が生きているのは、具体的な場面で、そのつど、特定の欲求を満足させ、苦痛を克服することによってである。つまり、外の世界とのかかわりにおいて生きている個体が主体であるためには、欲求や苦痛といった克服され否定されるべきものが必要不可欠なのであり、そのような意味で生きている個体は「欲求と苦痛の主体」なのである。そして、否定という活動の主体であるためには、否定の対象が前提とされ必要とされる。ヘーゲルはこのような事態を「絶対的な矛盾」と呼んでいる（GW 12. 187）(5)。

「A　生きている個体」において、代謝の活動が衝動によって開始されるが、欲求と苦痛を乗り越えていくプロセスの当事者である生きている個体には、自らの活動がこのようなプロセスを目的とするものであることは、自覚されていない。つまり、このプロセスを展開させるものもまた、前節で見た代謝のプロセスと同じように、さしあたっては衝動であるにすぎない。

ここで、ヘーゲルは、生きている個体の身体を通じた外の世界とのかかわりを「機械的・化学的抗争」と呼んでいる（GW 12. 189）。外の世界との機械的・化学的かかわりは、もちろんそれ自体としては、生命的なかかわりではない。それだけを取り出して生命の活動とすることはできない。またそれは、生きている個体が生きてはいない機械的・化学的プロセスに取り込まれていくという意味で、「生きているものの解体」である。そして、外の世界とのかかわりが抗争であるとされるのは、まさにこのような解体を乗り越えて、個体が生命あるものとして生き続けるからである。言い換えれば、このような解体を乗り越えて存続しようとする、つまり、たんなる機械的・化学的な存在であることを超えていく、まさにそのような活動が、「生命そのもの」なのである（GW 12. 189）。

ここではもはや、「個体」において生命が語られているのではない。むしろ、個体を超えた、いわば生命そのものが、ヘーゲルのことばでいえば「理念としての生命」が、主題的に論じられている。そして、このかかわりのプロセスを概念の運動の観点からとらえるならば、つぎのように表現することができる。すなわち、生きている個体は、客体である身体を通じて、同じく客体である外の世界とかかわることが可能である。これが普遍的な状態である。そして、その可能性が現実のものとなり、外の世界と対立することになる。このような対立した状態が特殊な状態である。さらに、そのような対立した状態を乗り越えて生きている個体、つまり個別的なものとして、外の世界とのかかわりのなかで生命はみずからを維持していく。

理念としての、つまり活動としての生命の側から見れば、それは、個別的なもの、つまり生きている個体の活動を通じて姿を現している、つまり現象している。理念としての生命は、生きている個体の活動を通じて、機械的・化学的抗争の場面において現れ、外の世界との対立という特殊な場面を乗り越えていく。生きている個体は、まさに生きているかぎり、このプロセスのなかにある。そのような意味でも、理念としての生命は、生きている個体にとって普遍的なものであり、本質なのである。言い換えれば、ここにおいて、理念としての生命が、衝動の根拠として姿を現している。ヘーゲルは、このことを「個体の自分自身への還帰」と表現している（GW 12. 189）。

これまで見てきた「B　生命のプロセス」の議論は、生きている個体と機械的・化学的な外の世界とのかかわりをめぐるものであった。つぎの「C　類」では、生きている個体が外の世界において、自分とは別の生きている個体とかかわるプロセスについて論じられていく。

4　類である生命そのもの

生命のプロセスで登場した「理念としての生命」は、「C　類」において類としてとらえられ論じられる。だがさしあたっては、生きている個体は自らが類に属することを自覚してはいない。むしろ、そのことは生きている個体にとっては矛盾である。すなわち、生きている個体同士は、一方では、互いに生きているもの同士としての同一性を見いだしている。つまり、互いに「自己感情の同一性」を見いだしている（GW12. 190）。しかし、他方では、各々が「他の自立した個体」としてあり、互いに対立してもいる。たとえば、人間の場合であれば、一方では、二人の個人の各々が互いを同じ人間であると思っているが、しかし他方では、まさに両者がともに一人の個人として自立しているがゆえに互いに対立してもいる。このような意味で、生きている個体同士の関係は矛盾なのである。

では、どのようにして各々の個体は、このような関係を矛盾として自覚するのだろうか。この問題について、ヘーゲルはここで立ち入って論じてはいない。ただ、各々の個体が、「類の衝動」（GW 12.

190）、すなわち同一性の実現への衝動に突き動かされて生殖行為へと向かうのであり、その結果として、子どもが生まれてくるということを、いささか簡潔に論じているにすぎない。

ヘーゲルは、類の衝動によって展開されるプロセス、すなわち生殖行為の結果として、子どもが生まれてくるというプロセス、いわば「類のプロセス」を、二つの側面からとらえている。すなわち、一方では、互いに個別的な二つの個体、すなわち親となる二つの個体、一つの類に属することを自覚することのなかった対立する二つの個体が、このプロセスにおいて衝動によって類としての営みへと、すなわち生殖行為へと駆り立てられる。その結果として、類を、個体すなわち「子」として残す。このことは同時に、自分たちを類という普遍的なものへと解消させることであり、二つの個体にとっての死を意味する（GW 12. 191）。

また他方で、ヘーゲルは、「分裂から自己へと帰った類」という表現もしている（GW 12. 190）。これは、普遍としての類に着目してこのプロセスを表現したものである。さらにいえば、いわば普遍としての類の立場に立って、このプロセスを表現したものである。すなわち、「分裂して二つの個体としてある状態から自己へと帰る」とは、そもそも一つの普遍的なものである類が、二つの個体として現れていることを自ら否定する働きである。つまり「否定的な統一」である。この働きの結果として、つまり、二つの個体としてあることを否定した結果として、一つの新たな個体つまり個別的な存在において類が現れる。理念としての生命である類は、「子」という一つの個体において、客観的に目に見えるかたちで身体をもって存在する。

一見したところ、類についてのこの議論は、積極的な意義を持つようには思われない。実際に、ヘーゲル自身もつぎのように述べている。「理念のこの還帰は反復であり、無限進行にほかならない。この無限進行では、理念は、理念の直接態という有限性から歩み出てはいない」(GW 12. 191)。すなわち、一方で、生殖と子の誕生というプロセスは、無限に繰り返されるのであり、また他方で、子において類が客観的に実在するという事態も、類が直接的に見いだされることになる、ということである。つまりここにおいて、「A 生きている個体」の最初に論じられた「直接態」としての有限な生命の理念にもどった、ということであり、しかもこの反復は無限に繰り返されるのである。

こうして見ると、「C 類」の議論の構造は、「A 生きている個体」や「B 生命のプロセス」における議論の構造とは異なっていることがわかる。すなわち、「A 生きている個体」では、生きている個体の衝動の根拠、あるいは、生きている個体の活動の目的が、自らがまさに生きていくことである、ということが示された。また、「B 生命のプロセス」では、生きている個体を外の世界とのかかわりへと駆り立てる衝動の根拠が、理念としての生命であるということが示された。しかし「C 類」では、個体と類の結びつきは、少なくとも積極的には示されてはいない。さらには、生殖行為において生命のある個体の直接態は死滅する、ともいわれている (GW 12. 191)。だが、ヘーゲルは、この死において「より高い側面」が見いだされ「精神」が現れるとも語っている。

ヘーゲルの哲学では、精神あるいはその働きとは、自己を認識することであり、自己とかかわることである。つまり、精神とは、自己認識であり自己関係なのである。ここで現れているとされる精神も、「理念として自己へとかかわる理念」である（GW 12. 191）。ではなぜ、ここで、自己認識あるいは自己関係が論じられるのだろうか。それは、衝動の根拠とかかわっている。「A 生きている個体」から「B 生命のプロセス」への議論の展開において、そして「B 生命のプロセス」から「C 類」への議論の展開において、衝動の根拠は、機械的・化学的プロセスを経て、生きている個体がそれ自体としては生きてはいない外の世界との対立を乗り越えるさいに示された。いずれの議論においても、生命あるいは生命そのものと生命のないものとの関係が、議論の前提だった。

だが、「C 類」においては、生きているものが生命そのものとどのようにかかわっているのかが問題となる。つまり、生命の当事者である私たちが、いまや普遍的なものの当事者、理念の当事者であることを自覚しているのである。そのような私たちが、類としてとらえられた理念、すなわち「生命」にどのようにかかわっているのかが問題となのである。ここでは一方で、生命をたんに客観としてしか扱わない自然科学的なとらえ方は乗り越えられている。また他方で、ロマン主義との関連でいえば、生きている個体がまさに生命であることが、すなわち、ロマン主義では前提とされていたにすぎなかった直接性が、論証の結果として論じられている。

最後に、ヘーゲルの議論から少し離れつつ理念の自己認識ということについて考えてみよう。それはまさに、生きている個体であり生命の当事者である私たち人間の一人ひとりが「類である生命そのもの」をどのようにとらえるのかという問題であり、きわめて現代的な問題だからである。

おわりに

まず、ヘーゲルの生命論とロマン主義との関係をまとめておこう。

一方で、ヘーゲルの生命論は、生命を神秘とする見方を退けているという点で、ロマン主義の生命論と決定的に異なっている。ヘーゲルの生命論は、自然の本質としての生命を私たちの目の前にまさに現象しつつあるものとして論じている。しかも、直接知とか知的直観といった、結局のところは、それを「語りえないもの」としてしまう仕方によってではなく、自然科学的な、機械的・化学的な見方を踏まえて、その把握の仕方をことばによって説明しようとする。

また他方で、何をもって生命とするのか、普遍的なものとするのか、あるいは、本質とするのかを論じるさいに、そこに恣意が介入することを退ける側面を、ヘーゲルの生命論は持っている。「本質は現象しなければならない」というヘーゲルのことばは、本質を「語りえないもの」、あるいは、私たちから隠されたものとするロマン主義とは対極にある態度を示している。

ヘーゲルの生命論において、たんなる抽象的な人間、さらには人類や生命といったものを想定して、そのような抽象の産物から、たとえば人類愛とか生命の尊厳とかいったことを、たんに美しいものとして語ることは許されない(6)。そして実際に、生命や類といった普遍的なものを、恣意的に決定することはきわめて暴力的な結果をもたらすことになる。

現に人類の歴史は、動植物の乱獲や自然破壊、さらには人種差別や優生思想などに典型的に見られるように、そのような暴力の連続であったといってもよい(7)。つまり、自然のなかであっても、人類のなかであっても、そのなかに何らかの境界線が引かれ、それに従って区別や差別が行われてきた。そのような境界線は抽象的であいまいなものを大義名分として引かれたものではなかったか、あるいは、現に引かれているのではないか。こういったことが検討されなければならないであろう。しかも、歴史上の悪名高い事例についてのみではなく、たとえば、生命の神秘だとか生命の尊さといったことを前提とした自然保護や生命尊重の思想や運動も、このような検討の対象とならなければならないだろう。たとえば、ある種の自然保護団体や動物愛護団体の活動を見ればわかるように、そういった思想もまた、暴力と結びついているからである。問題は、結果としての暴力ではない。むしろ、そもそもの前提におけるあいまいさなのであろう。

以上のことと関連して、最後に、現代の生命論について少しだけ論じておきたい。森岡正博は、生命を論じるさいのある種の態度をまさに「ロマン主義」と呼んで、現代にいたるまでのロマン主義の歴史をつぎのようにまとめている。

市民革命や産業革命によって、人間の手によって自然を利用してゆこうという技術主義が、西欧の文明の主流に踊り出ました。これと同時に、そういう近代の精神を批判し、人間は自然に帰るべきであるというロマン主義の思想が、知識人のあいだで広まっていくのです。ジャン＝ジャック・ルソーやゲーテ、ロマン主義の詩人たちは、近代の技術主義を批判し、それによってはとらえられない自然と生命の全体性を再評価するべきだと訴えました。その流れが、今日の自然保護思想の源流となっているのです(8)。

そして、いわゆるディープエコロジーの思想や生命主義の思想を、現代のロマン主義、さらには浅薄なロマン主義であるとして、森岡はつぎのように批判していく。

これらの思想は、美しいユートピアの建設を目標とする「ロマン主義」のかたちをとることが多くなります。人間と自然とが一体となった共生と調和の社会とか、みんなが自然のめぐみを受けて暮らす美しい村などのユートピア像が、たからかにうたわれます。そして、先住民の森の知恵を生かすことによって、現代の文明の矛盾は解決されるというような甘いスローガンが、あふれるようになります(9)。

現代の私たちは、生命の問題について考えるさいに、このような「浅薄なロマン主義」に陥ってはいないだろうか。ここで具体的なケースについて論じることはしないが、もしも私たちがこのような状態に陥っているとして、しかもそのこと自体に気がついていないとすれば、それは私たちが生命について根本的に思考することを停止しているからである。そしてどのような立場に立つにしろ、生命を「語りえないもの」としてしまうことは、まさに思考停止に陥ることにほかならない。

一方で、科学技術がこれまで自然や生命に及ぼしてきた害悪を指摘することはたやすい。また他方で、生命や自然についてのロマン主義的な美しい話は、私たちの耳には心地よい。だが、私たちは、そのようなたやすさや心地よさをむしろ警戒し、思考停止に陥ることなく、ヘーゲルのいう「概念の労苦」を引き受け続けなければならないであろう。

推薦図書

伊坂青司『ヘーゲルとドイツ・ロマン主義』(御茶の水書房、二〇〇〇年)。

海老澤善一『ヘーゲル『大論理学』』(晃洋書房、二〇一四年)。

鬼頭秀一・福永真弓編『環境倫理学』(東京大学出版会、二〇〇九年)。

森岡正博『生命観を問いなおす――エコロジーから脳死まで』(ちくま新書、一九九四年)。

コンラート・オット、マルチン・ゴルケ『越境する環境倫理学——環境先進国ドイツの哲学的フロンティア』滝口清栄、アンドレアス・ヴァルナー監訳（現代書館、二〇一〇年）。

注

第1章

(1)Charles Taylor, *Hegel*, Cambridge: Cambridge University Press, 1975.

(2)Charles Taylor, *Hegel and Modern Society*, Cambridge: Cambridge University Press, 1979, p. 88. チャールズ・テイラー『ヘーゲルと近代社会』渡辺義雄訳（岩波書店、一九八一年）、一六九頁。

(3)Taylor, *Hegel and Modern Society*, p. 107. テイラー『ヘーゲルと近代社会』二〇五頁。

(4)Taylor, *Hegel and Modern Society*, p. 153. テイラー『ヘーゲルと近代社会』二九〇頁。

(5)Taylor, *Hegel and Modern Society*, p. 153. テイラー『ヘーゲルと近代社会』二八九頁。

(6)Taylor, *Hegel and Modern Society*, p. 159. テイラー『ヘーゲルと近代社会』三〇二頁。

(7)Taylor, *Hegel and Modern Society*, p. 87. テイラー『ヘーゲルと近代社会』一六七頁。

(8)Cf. Robert B. Pippin, *Hegel's Idealism: The Satisfactions of Self-Consciousness*, Cambridge: Cambridge University Press, 1989, p. 261.

(9)Cf. Charles Taylor, *Human Agency and Language: Philosophical Papers 1*, Cambridge: Cambridge University Press, 1985, pp. 45-76.

(10)Cf. Taylor, *Human Agency and Language*, pp. 15-44.

(11)Charles Taylor, *Sources of the Self: The Making of the Modern Identity*, Cambridge: Harvard University Press, 1989, p. 35. チャールズ・テイラー『自我の源泉――近代的アイデンティティの形成』下川潔ほか訳（名古屋大学出版会、二〇一〇年）、四一頁。

(12)Charles Taylor, *The Ethics of Authenticity*, Cambridge: Harvard University Press, 1992, p. 33. チャールズ・テイラー『〈ほんもの〉という倫理――近代とその不安』田中智彦訳（産業図書、二〇〇四年）、四五頁。

(13)Taylor, *Sources of the Self*, p. 28. テイラー『自我の源泉』三一頁。

(14)Taylor, *The Ethics of Authenticity*, pp.15-16. テイラー『〈ほんもの〉という倫理』二一頁。Cf. Lionel Trilling, *Sincerity and Authenticity*, Cambridge: Harvard University Press, 1972. ライオネル・トリリング

『〈誠実〉と〈ほんもの〉——近代自我の確立と崩壊』野島秀勝訳（筑摩書房、一九七六年）。

(15) Taylor, *The Ethics of Authenticity*, pp. 13-17. テイラー『〈ほんもの〉という倫理』一七—二三頁。Cf. Allan Bloom, *The Closing of the American Mind*, New York: Simon and Schuster, 1987. アラン・ブルーム『アメリカン・マインドの終焉——文化と教育の危機』菅野盾樹訳（みすず書房、一九八八年）。

(16) Taylor, *The Ethics of Authenticity*, p. 23. テイラー『〈ほんもの〉という倫理』三二頁。

(17) Taylor, *The Ethics of Authenticity*, p. 47. テイラー『〈ほんもの〉という倫理』六六頁。

(18) Taylor, *The Ethics of Authenticity*, pp. 40-41. テイラー『〈ほんもの〉という倫理』五七—五八頁。

(19) Charles Taylor et al., *Multiculturalism: Examining the Politics of Recognition*, Princeton: Princeton University Press, 1994, p. 25. チャールズ・テイラーほか『マルチカルチュラリズム』佐々木毅ほか訳（岩波書店、一九九六年）、三八頁。

(20) Taylor et al., *Multiculturalism*, p. 38. テイラーほか『マルチカルチュラリズム』五五頁。

(21) Taylor, *The Ethics of Authenticity*, pp. 51-52. テイラー『〈ほんもの〉という倫理』七二頁。

(22) Taylor et al., *Multiculturalism*, p. 67. テイラーほか『マルチカルチュラリズム』九三頁。

第2章

(1) Georg Lukács, *Geschichte und Klassenbewußtsein. Studien über marxistische Dialektik*, Neuwied/Berlin: Luchterhand, 1970. 同書からの引用は略号（GuK）とともに頁数を示す。

(2) Axel Honneth, *Verdinglichung. Eine anerkennungstheoretische Studie. Um Kommentare von Judith Butler, Raymond Geuss und Jonathan Lear*, Frankfurt am Main: Suhrkamp, 2015. 同書からの引用は略号（V）とともに頁数を示す。

(3) ダンネマンの著作は、ルカーチの思想形成に果たした思想家、なかでもマルクス、ヴェーバー、そしてジンメルの意義を知るうえで欠かせない。Rüdiger Dannemann, *Das Prinzip Verdinglichung. Studie zur*

Philosophie Georg Lukács', Frankfurt am Main: Sendler, 1987.

(4)ルカーチとドイツ古典哲学の関連については、ルカーチが神秘主義とみなして退けてきたシェリングの自然哲学を再考する、つぎの文献を参照。Matthias Mayer, *Objekt-Subjekt. F. W. J. Schellings Naturphilosophie als Beitrag zu einer Kritik der Verdinglichung*, Bielefeld: transkript, 2014.

(5)高幣秀知『ルカーチ弁証法の探究』(未來社、一九九八年)、四二頁。

(6)辰巳伸知「ホネットの物象化論――その射程と限界」『佛教大学社会学部紀要』第五十一号、二〇一〇年、三〇頁。

(7)奥谷浩一「アクセル・ホネットの物象化と承認の理論」『札幌学院大学人文学会紀要』第九十六号、二〇一四年。

(8)Dirk Quadflieg, Zur Dialektik von Verdinglichung und Freiheit. Von Lukács zu Honneth - und zurück zu Hegel, in: *Deutsche Zeitschrift für Philosophie*, 59, 2011. 同論文からの引用は略号(DVF)とともに頁数を示す。クヴァドフリークは、ホネット批判を行いつつ、従来のホネットの敵であったカント主義とも異なり、「自己喪失」に着目している。Vgl. Dirk Quadflieg (Hg.) *Selbst und Selbstverlust. Psychoanalytische, neurowissenschaftliche und kulturphilosophische Perspektiven*, Berlin: Parados, 2008, Dirk Quadflieg, Die vergessene Negativität sozialer Freiheit. Anmerkungen zu F. Neuhauser und A. Honneth, in: *Allgemeine Zeitschrift für Philosophie*, 1, 2015.

(9)Rüdiger Dannemann, Verdinglichung, Entfremdung und Anerkennung. Zwischenüberlegungen zu den Bedingungen der Möglichkeit, eine radikale Gegenwartstheorie zu reformulieren, in: Christoph J. Bauer, Britta Caspers, Niklas Hebing, Werner Jung, Holger Wendt (Hg.) *„Bei mir ist jede Sache Fortsetzung von etwas". Georg Lukács Werk und Wirkung*, Duisburg: Universität-Verlag Rhein-Ruhr, 2008, S. 103.

(10)Judith Butler, Den Blick des Anderen einnehmen: Ambivalente Implikationen, in: Honneth, *Verdinglichung*, a.a.O. 同論文からの引用は略号(BA)とともに頁数を示す。

(11)Cf. Judith Butler, *Subjects of Desire. Hegelian Reflections in Twentieth-Century France*, New York: Columbia University Press 1989; Longing for Recognition, in: *Undoing Gender*, New York/London:

Routledge, 2004.

(12)ホネットとバトラーの理論を「コンフリクト」の観点から再構成するものとしては、つぎのものが参考になる。Georg W. Bertram, Robin Celikates, Towards a Conflict Theory of Recognition: On the Constitution of Relations of Recognition in Conflict, in: *European Journal of Philosophy*, 23-4, 2015.

(13)『歴史と階級意識』と『精神現象学』とを結びつけるものに、アーヴァイラーの論文がある。ただし、彼の依拠する「不幸な意識」の段階では、「物象」を伴う社会性の地平はまだ成立していないことに注意が必要である。Georg Ahrweiler, Weltgeist und Klassenbewußtsein. Zur Theorie politischen Bewußtseins bei Lukács und Hegel, in: ders. (Hg.) *Betr.: Lukács. Dialektik zwischen Idealismus und Proletariat*, Köln: Pahl-Rugenstein, 1978.

(14)Rafael de la Vega, *Ideologie als Utopie. Der hegelianische Radikalismus der Marxistischen „Linken"*, Marburg: Verlag Arbeiterbewegung und Gesellschaftswissenschaft, 1977.

(15)Georg Lukács, *Der junge Hegel. Über die Beziehungen von Dialektik und Ökonomie*, Zürich/Wien: Europa Verlag, 1948. 本書からの引用は略号（DjH）とともに頁数を示す。

(16)ルカーチのヘーゲル理解への批判には、つぎのものがある。滝口清栄「〈誕生の時代〉という自己意識――〈事そのもの〉、良心、〈自己意識の外化〉を通して」『現代思想』「総特集ヘーゲル『精神現象学』二〇〇年の転回」（青土社、二〇〇七年）。これに対して、ヘーゲルの「事そのもの」を資本主義分析とみなす理解には、つぎのものがある。Masao Fukuyoshi, Die Entfremdung in Hegels *Phänomenologie des Geistes* und das Problem der Beziehung von Marx zu Hegel, in: Manfred Buhr, Theodor Il'ich Oiserman (Hg.) *Vom Mute des Erkennens. Beiträge zur Philosophie G. W. F. Hegels*, Berlin: Akademie Verlag, 1980.

(17)Vgl. Robert Fechner, Mit Weber zu Marx-und hinter beide zurück. Lukács' Verdinglichungskritik und die Suche nach dem nicht-verdinglichten Rest, in: Markus Bitterolf, Denis Maier (Hg.) *Verdinglichung, Marxismus, Geschichte. Von der Niederlage der Novemberrevolution zur Kritischen Theorie*, Freiburg:

Ça ira, 2012.

(18)安岡直『ルカーチと革命の時代――『歴史と階級意識』への道』(御茶の水書房、二〇一六年)、二〇二頁。

(19)de la Vega, *Ideologie als Utopie*, S.139.

(20)Vgl. Andreas Arndt, *Geschichte und Freiheitsbewusstsein. Zur Dialektik der Freiheit bei Hegel und Marx*, Berlin: Eule der Minerva, 2015, S. 41. 同書では、フルトの提唱する「疎外論的ロマン主義」という概念を手がかりに、実践本位の「行為の哲学」とは異なる視角から自由がとらえ返されている。Vgl. Peter Furth, *Phänomenologie der Enttäuschungen. Ideologiekritik nachtotalitär*, Frankfurt am Main: Fischer, 1991. Andreas Arndt, *Dialektik und Reflexion. Zur Rekonstruktion des Vernunftbegriffs*, Hamburg: Meiner, 1994, S. 260ff.

第3章

(1)Johann Wolfgang Goethe, *Wilhelm Meisters Lehrjahre*, Stuttgart: Reclam, 1982, S. 423f. ゲーテ『ヴィルヘルム・マイスターの修業時代』(中巻)山崎章甫訳(岩波書店、二〇〇〇年)、三四七頁。

(2)プラトン『定義集』(『プラトン全集』第十五巻)向坂寛訳(岩波書店、一九七五年)、二四頁。プラトン『饗宴』(『プラトン全集』(第五巻)鈴木照雄訳(岩波書店、一九七四年))、七八頁。

(3)ユルゲン・ハーバーマス『人間の将来とバイオエシックス』三島憲一訳(法政大学出版局、二〇〇四年)、一二三頁以下。

(4)Jürgen Habermas, *Technik und Wissenschaft als ›Ideologie‹*, Frankfurt am Main: Suhrkamp, 1969. ユルゲン・ハーバーマス『イデオロギーとしての技術と科学』長谷川宏訳(平凡社、二〇〇〇年)。

(5)Jürgen Habermas, *Zwischen Naturalismus und Religion*, Frankfurt am Main: Suhrkamp, 2009, S. 13. ユルゲン・ハーバーマス『自然主義と宗教の間』庄司信ほか訳(法政大学出版局、二〇一四年)、七頁。

(6)Habermas, *Zwischen Naturalismus und Religion*, S. 256f. ハーバーマス『自然主義と宗教の間』、二七九頁。

(7) Jürgen Habermas, *Der philosophische Diskurs der Moderne*, Frankfurt am Main: Suhrkamp, 1983, S. 366. ユルゲン・ハーバーマス『近代の哲学的ディスクルスII』轡田収訳（岩波書店、一九九九年）、五四九―五五〇頁。

(8) G. W. F. Hegel, *Vorlesungen über die Philosophie der Religion, Teil 1*, hrsg. von Walter Jaeschke, Hamburg: Meiner, 1993, S. 250.

(9) ヘーゲル自身が無神論者として周囲から見られていたことを、ハイネは報告している。ただし、ハイネのいう無神論がどのような意味においてであったかは確定できない。鈴木亮三「法哲学講義」（寄川条路編『ヘーゲル講義録入門』法政大学出版局、二〇一六年）、一一五頁以下参照。

(10) Immanuel Kant, *Die Religion innerhalb der Grenzen der blossen Vernunft*, Hamburg: Meiner, 1978, S. 226f.

(11) Kant, *Die Religion innerhalb der Grenzen der blossen Vernunft*, S. 79, 109.

(12) Jacques Derrida, *Donner la mort*, Paris: Galilée, p. 128. ジャック・デリダ『死を与える』廣瀬浩司・林好雄訳（筑摩書房、二〇〇四年）、一九〇頁。

(13) Kant, *Kritik der praktischen Vernunft* (1788), Hamburg: Meiner, 1990, S. 97f.

(14)『精神現象学』の宗教章における供犠論の展開との関係については、つぎのものを参照。鈴木亮三「『所有の運命』の行方――フランクフルト・イエーナ期ヘーゲル哲学生成の一断面」東北大学哲学研究会編『思索』第四十七号（二〇一四年）、三三三―三五四頁。

(15) Max Scheler, *Die Stellung des Menschen im Kosmos*, Bonn: Bouvier, 2010, S. 65.『シェーラー著作集』第十三巻、亀井裕・山本達訳（白水社、一九七七年）、一〇六頁。

(16) Sigmund Freud, *Studienausgabe*, VII, Frankfurt am Main: Fischer, 1973, S. 18.『フロイト著作集』第五巻、山本巌夫訳（人文書院、一九六九年）、三八一頁。

(17) Freud, *Studienausgabe*, VII, S. 21. 前掲訳書、三八三―三八四頁。

(18)Freud, *Studienausgabe*, VII, S. 425. 前掲訳書、二六四頁。

(19)Georges Bataille, *Théorie de la religion*, in: *Œvres complèts*, VII, 1976, pp. 310-. ジョルジュ・バタイユ『宗教の理論』湯浅博雄訳（筑摩書房、二〇〇二年）、六三頁以下。

(20)William James, *The Varieties of Religious Experience*, New York: Longman, Green and Co., 1902, p. 462. ジェイムズ『宗教的経験の諸相』（下巻）、桝田啓三郎訳（岩波書店、一九七〇年）、三〇四―三〇五頁。

(21)Habermas, *Der philosophische Diskurs der Moderne*, S. 361. ハーバーマス『近代の哲学的ディスクルスII』五四三頁。

(22)Derrida, *Foi et Savoir*, Édition du Seuil:Paris, 1996, p.80.『信と知』湯浅博雄・大西雅一郎訳（未來社、二〇一六年）、一三〇―一三一頁。

(23)Hegel, *Vorlesungen über die Philisophie der Religion*, S. 334.

第4章

(1)ソポクレース『アンティゴネー』中務哲郎訳（岩波書店、二〇一四年）。

(2)Patricia Jagentowicz Mills, Hegel's Antigone, in *Feminist Interpretations of G. W. F. Hegel*, ed. P. J. Mills, Pennsylvania: Pennsylvania State University Press, 1996, p. 59.

(3)フェミニストのヘーゲル批判を手際よく整理したものに、つぎのものがある。Jocelyn B. Hoy, Hegel, *Antigone*, and Feminist Critique: The Spirit of Ancient Greece, in *The Blackwell guide to Hegel's Phenomenology of Spirit*, ed. Kenneth R. Westphal, Malden: Wiley-Blackwell, 2009, pp. 177f.

(4)ジュディス・バトラー『アンティゴネーの主張――問い直される親族関係』竹村和子訳（青土社、二〇〇二年）。Judith Butler, *Antigone's Claim: Kinship Between Life and Death*, New York: Columbia University Press, 2000. 引用のさいは、本文中にACと略記して、原文の頁数を挙げた。

(5)Michael Schulte, *Die »Tragödie im Sittlichen«: Zur Dramentheorie Hegels*, München: Fink, 1992, S.135f.;

Zhi-Hue Wang, *Freiheit und Sittlichkeit*, Würzburg: Königshausen & Neumann, 2004, S. 95ff.

(6) Johann Peter Eckermann, *Gespräche mit Goethe in den letzten Jahren seines Lebens*, Berlin: Aufbau-Verlag, 1982.

(7) Matt Neuburg, "How like a Woman: Antigone's 'Inconsistency'," *The Classical Quarterly*. Vol. 40. No. 1, 1990, p. 54.

(8) Eckermann, *Gespräche mit Goethe in den letzten Jahren seines Lebens*, S. 520.

(9) Eckermann, *Gespräche mit Goethe in den letzten Jahren seines Lebens*, S. 520.

(10) 赤石憲昭「ヘーゲルのジェンダー論をどう読むか？——ヘーゲルの男女間に関する一考察」木本喜美子・貴堂義之編『ジェンダーと社会——男性史・軍隊・セクシュアリティ』（旬報社、二〇一〇年）、三四八—三四九頁。

(11) つぎのものにも同様の解釈が見られる。小島優子「ヘーゲルにおける「罪責」と「犯罪」——『精神現象学』を中心に」（日本哲学会編『哲学』第五十八号、二〇〇七年）。Josef Schmidt, *„Geist", „Religion" und „absolutes Wissen". Ein Kommentar zu den drei gleichnamigen Kapiteln aus Hegels „Phänomenologie des Geistes"*, Stuttgart/Berlin/Köln: Kohlhammer, 1997.

(12) Eva Bockenheimer, *Hegels Familien- und Geschlechtertheorie*, Hamburg: Meiner, 2013.

(13) シャイアーは、アンティゴネーが、本来「内面的な地下の見解」である「神々の掟」を、実現して人間の現実へと変えることで、白日の下にさらす点に「神々の掟」の違反の契機を見ている。Claus-Artur Scheier, *Analytischer Kommentar zu Hegels Phänomenologie des Geistes: Die Architektonik des erscheinenden Wissens*, Freiburg/München Alber, 1980, S. 319f.

(14) スラヴォイ・ジジェクによる翻案『アンティゴネー』では、コロスによってつぎのように示される。「ここで私たちが知ることになるのは、お前の敬う掟がお前やお前の兄に当てはまるものであり、死者のすべてに当てはまるものではないということだ」(Slavoj Žižek, *Antigone*, London/New York: Bloomsbury, 2016)。

(15) ジョージ・スタイナーは「ヘーゲルは暗に兄妹のあいだに性的欲求の可能性を認めている」と論じているが、

そうした解釈を正当化する根拠は提示されていない。ジョージ・スタイナー『アンティゴネーの変貌』海老根宏・山本史郎訳（みすず書房、一九八九年）、四一頁。George Steiner, *Antigone: The Antigone Myth in Western Literature, Art, and Thought*, Oxford: Clarendon Press, 1984, p. 33.

(16) Molly Farneth, "Gender and the Ethical Given: Human and Divine Law in Hegel's Reading of the Antigone," *Journal of Religious Ethics*, vol. 41/4 2013.

(17) Eva Laquieze-Waniek, "Die Konstitution des Geschlechts und die Rolle des Inzesttabus in Hegels Phänomenologie des Geistes," in: Thomas Auinger, Friedrich Grimmlinger (Hg.) *Wissen und Bildung: Zur Aktualität von Hegels Phänomenologie des Geistes anlässlich ihres 200 jährigen Jubiläums*, Frankfurt am Main: Lang, 2007, S. 234ff.

(18) Farneth, "Gender and the Ethical Given", pp. 653-659.

(19) Neuburg, "How like a Woman", pp. 74-76.

第5章

(1) Levi Bryant, Nick Srnicek, Graham Harman, "Towards a Speculative Philosophy", in *The Speculative Turn: Continental Materialism and Realism*, edited by Levi Bryant, Nick Srnicek, Graham Harman, Melbourne: re. press, 2011.

(2) 岡本裕一朗『いま世界の哲学者が考えていること』（ダイヤモンド社、二〇一六年）、四三頁。

(3) 千葉雅也・小泉義之「思弁的転回とポスト思考の哲学」『現代思想』（二〇一三年一月号）、千葉雅也「思弁的実在論と新しい唯物論」『現代思想』（二〇一五年一月号）など。

(4) ガブリエルの著作からの引用はつぎの各書により略号と頁数で示す。

MML: *Mythology, Madness, and Laughter: Subjectivity in German Idealism*. New York/London: Continuum, 2009. マルクス・ガブリエル／スラヴォイ・ジジェク『神話・狂気・哄笑——ドイツ観念論にお

ける主体性』大河内泰樹・斎藤幸平監訳（堀之内出版、二〇一五年）。
TO: *Transcendental Ontology: Essays in German Idealism*, New York: Bloomsbury, 2013.
WW: *Warum es die Welt nicht gibt*, Berlin: Ullstein, 2013.
DNR: *Der Neue Realismus*, hrsg. von Markus Gabriel, Berlin: Suhrkamp, 2014.
FS: *Fields of Sense: A New Realist Ontology*, Edinburgh: Edinburgh University Press, 2015.
SE: *Sinn und Existenz: Eine realistische Ontologie*, Berlin: Suhrkamp, 2016.
WKIH: “What Kind of an Idealist (If Any) is Hegel?”, in *Hegel-Bulletin*, vol. 37, 2016.

（5）Markus Gabriel, *Der Mensch in Mythos: Untersuchungen über Ontotheologie, Anthropologie und Selbstbewußtseingeschichte in Schellings Philosophie der Mythologie*, Berlin: Walter de Gruyter, 2006, 1.)。また、中島新「新実在論とマルクス・ガブリエル——世界の不在と〈事実存在〉の問題」（『国際哲学研究』第五号、二〇一六年）、一七五頁を参照。

（6）Maurizio Ferraris, *Introduction to New Realism*, London/New York: Bloomsbury, 2015, p. 11.

（7）Quentin Meillassoux, *Après la finitude: essai sur la nécessité de la contingence*, préface d'Alain Badiou, Seuil: Paris, 2006, p. 21f.

（8）Meillassoux, *Après la finitude*, p. 49.

（9）ただし、メイヤスー自身は「思弁的唯物論」という表現を好んでいる（Graham Harman, *Quentin Meillassoux: Philosophy in the Making*, 2nd Edition, Edinburgh: Edinburgh University Press, 2015, pp. 79-80.）。こうした点から、そもそも現代の実在論を「一つの実在論」として括ることができるのかという問題も生じる。

（10）Meillassoux, *Après la finitude*, p. 96.

（11）「現実存在」（Existenz, existence）については、TO（62-73）やDNR（177-189）を参照。

（12）詳しくは、中島新「新実在論とマルクス・ガブリエル」一七六—一七七頁。

(13) Slavoj Žižek, *Tarrying with the Negative: Kant, Hegel, and the Critique of Ideology*, Durham: Duke University Press, 1993, p. 21.

(14) John McDowell, *Having the World in View: Essays on Kant, Hegel, and Sellars*, Cambridge: Harvard University Press, 2013, p. 72.

(15) Harman, *Quentin Meillassoux*, p. 217.

(16) Meillassoux, *Après la finitude*, p. 106f.

(17) ヴァン・フットは、偶然性の必然性を証明しようとするメイヤスーの狙いは、むしろヘーゲルの論理学によって果たされると主張している。John Van Houdt, "The Necessity of Contingency or Contingent Necessity: Meillassoux, Hegel and the Subject", in *Cosmos and History: The Journal of Natural and Social Philosophy*, vol. 7, no. 1, 2011.

終章

(1) 伊坂青司「ヤコービとバーダー——ドイツ観念論へのインパクト」(『ヘルダー研究』第三号、一九九七年)、一二一—一四〇頁を参照。

(2) 伊坂青司「ヤコービとバーダー」を参照。

(3) ヘーゲルも、しだいに乗り越えてはいったものの、自らの思想形成の過程で、ロマン主義やスピノザ主義に大いに影響されていた。ロマン主義とヘーゲル哲学の関係については、伊坂青司『ヘーゲルとドイツ・ロマン主義』(御茶の水書房、二〇〇〇年)を、ヘーゲルによるスピノザ主義の乗り越えについては、中畑邦夫「スピノザ的実体概念の克服——『大論理学』における「絶対者」章の意義」(『ヘーゲル哲学研究』第六号、二〇〇〇年、四一—五二頁)を参照。なお、ヘーゲル論理学における生命論と同時代の自然科学研究との関係については、渡辺祐邦「ヘーゲルの「論理学」における生命の概念——一八世紀の科学と哲学に対するその関係について」(『哲学』第二〇号、一九七〇年)、一八六—一九八頁を参照。

（4）普遍・特殊・個別という観点と生命のとらえ方については、つぎのものを参照した。高山守「なぜ、生命は尊いのか――ヘーゲル『論理学』における生命論に即して」（『哲学雑誌』第一一九巻第七九一号、二〇〇四年）、九二―一一〇頁。

（5）矛盾については、つぎのものを参照した。徳増多加志「生命と精神――ヘーゲル哲学におけるイデーとしての生命」（『鎌倉女子大学紀要』第六号、一九九九年）、一一―二八頁。山田有希子「ヘーゲル哲学における生と死の概念について――『論理学』における〈生命の矛盾〉を基盤として」（『宇都宮大学教育学部紀要』第一部第六十三号、二〇一三年）、一〇三―一一六頁。

（6）徳増多加志は、この点について、ドストエフスキーの『カラマーゾフの兄弟』のなかのエピソードを援用して独特の考察を加えている（徳増多加志「生命と精神」二四頁）。徳増の考察は、ヘーゲルによる類についての議論を、いわゆる相互承認論にも結びつける可能性を持っていると思われる。

（7）ヘーゲルの哲学はむしろ、暴力を許すものであると誤解され批判されることが多かった。そのような批判的立場を代表するものとして、つぎのものがある。カール・ライマンド・ポッパー『自由社会の哲学とその論敵』武田弘道訳（世界思想社、一九七三年）。

（8）森岡正博『生命観を問いなおす――エコロジーから脳死まで』（筑摩書房、一九九四年）、四二頁。森岡は、生命倫理、医療倫理、環境倫理といった、生命をめぐる問題に包括的に取り組む「生命学」を提唱している。

（9）森岡正博『生命観を問いなおす』一二一―一二三頁。

あとがき

ヘーゲル哲学について書かれた本のなかで、編者がお薦めするのはつぎの三冊である。まずは、校訂版『ヘーゲル全集』の第一部「著作集」を概観した、オットー・ペゲラー編『ヘーゲルの全体像』（以文社、一九八八年）であり、つぎに、第二部「講義録」に的を絞った、オットー・ペゲラー編『ヘーゲル講義録研究』（法政大学出版局、二〇一五年）である。この二冊を一読すると、ヘーゲル哲学の全体と、ドイツのヘーゲル研究がよくわかる。そして、日本のヘーゲル研究を知りたい読者には、寄川条路編『ヘーゲル講義録入門』（法政大学出版局、二〇一六年）をお薦めしたい。

加えて本書は、姉妹編である『ヘーゲルと現代思想』（晃洋書房、二〇一七年）とともに、日本ヘーゲル学会の若手研究者を中心とした、日本語によるヘーゲル哲学研究への入門書である。日本のヘーゲル研究の状況を踏まえながらも、そこから一歩を踏み出して、「現代社会」との対話と対決というテーマで、これまで知られることのなかったヘーゲル像を描き出している。研究状況を伝える本書の各章を読んで、日本のヘーゲル研究の現状を知ってもらえれば本望である。

最後になったが、本書の出版を勧めてくれた晃洋書房の丸井清泰氏と、編集を担当してくれた石風呂春香氏に、厚くお礼申し上げる。

二〇一八年　春

寄川条路

人名索引

〈ア　行〉

アンティゴネー（Antigone）　11-13, 95-98, 101-108, 110-119, 178-180
ヴィトゲンシュタイン，ルートヴィヒ（Ludwig Wittgenstein）　133
エーコ，ウンベルト（Umberto Eco）　126
オイディプス（Oedipus）　107, 114

〈カ　行〉

ガダマー，ハンス・ゲオルク（Hans-Georg Gadamer）　44
ガブリエル，マルクス（Markus Gabriel）　13-16, 121-130, 132-146, 180, 181
カント，イマヌエル（Immanuel Kant）　9, 10, 14, 15, 30, 41, 49, 79-84, 92, 126, 127, 130, 142, 144, 174
キケロ，マルクス・トゥッリウス（Marcus Tullius Cicero）　77
クヴァドフリーク，ディアク（Dirk Quadflieg）　7, 55, 56, 174
グラント，イアン・ハミルトン（Iain Hamilton Grant）　122
クレオーン（Kreon）　13, 97, 98, 101, 102, 108, 111, 112, 114, 115, 118, 119
ゲーテ，ヨハン・ヴォルフガング（Johann Wolfgang Goethe）　8, 70-73, 80, 106, 167, 176
コジェーヴ，アレクサンドル（Alexandre Kojève）　91, 94

〈サ　行〉

ジェイムズ，ウィリアム（William James）　10, 91- 93, 178
シェーラー，マックス（Max Scheler）　9, 10, 88, 89, 92, 93, 177
シェリング，フリードリヒ（Friedrich Schelling）　123, 124, 130, 134, 138, 142, 143, 149, 174
ジジェク，スラヴォイ（Slavoj Žižek）　140, 141, 146, 179, 180
スピノザ，バールーフ・デ（Baruch De Spinoza）　135, 149, 182
セラーズ，ウィルフリド（Wilfrid Sellars）　137
ソポクレース（Sophokles）　11, 96, 97, 119, 178

〈タ　行〉

ダンネマン，リュディガー（Rüdiger Dannemann）　56, 173
テイラー，チャールズ（Charles Taylor）　3-5, 21-46, 172, 173
デカルト，ルネ（Rene Descartes）　148, 154
トリリング，ライオネル（Lionel Trilling）　35, 172

〈ナ　行〉

ニュートン，アイザック（Isaac Newton）　149

〈ハ　行〉

バーダー，フランツ（Franz Baader）　149, 182
ハーバーマス，ユルゲン（Jürgen Habermas）　8-10, 46, 72-75, 81, 92, 176-178
ハーマン，グレアム（Graham Harman）

122
ハイデガー，マルティン（Martin Heidegger） 10, 31, 75, 132, 133
バタイユ，ジョルジュ（Georges Bataille） 90, 94, 178
パトナム，ヒラリー（Hilary Putnam） 126
バトラー，ジュディス（Judith Butler） 7, 11, 12, 57, 58, 65, 95, 96, 103-108, 114-116, 118, 119, 175, 178
ピピン，ロバート・B（Robert B. Pippin） 29
フェラーリス，マウリツィオ（Maurizio Ferraris） 123, 126
ブラシエ，レイ（Ray Brassier） 122
プラトン（Platon） 71, 135, 176
ブルーム，アラン（Allan Bloom） 36, 173
フレーゲ，ゴットロープ（Gottlob Frege） 129, 142
ヘルダー，ヨハン・ゴットフリート（Johann Gottfried Herder） 36, 41
ボゴシアン，ポール（Paul Boghossian） 126
ホネット，アクセル（Axel Honneth） 6, 7, 48, 50, 53-58, 61, 65, 66, 174, 175
ポパー，カール（Karl Popper） 22
ポリュネイケース（Polyneikes） 12, 97, 102, 103, 105, 106, 111, 115-118

〈マ　行〉

マクダウェル，ジョン（John McDowell） 144
メイヤスー，カンタン（Quentin Meillassoux） 122, 127, 132, 144-146, 181, 182

〈ヤ　行〉

ヤコービ，フリードリヒ・ハインリヒ（Friedrich Heinrich Jacobi） 149, 182

〈ラ　行〉

ラカン，ジャック（Jacques Lacan） 104
ラッセル，バートランド（Bertrand Russell） 22
ルカーチ，ジェルジ（Georg Lukács） 5-7, 47-56, 58-66, 173-176
ルソー，ジャン＝ジャック（Jean-Jacques Rousseau） 35, 36, 167

事項索引

鈴木亮三（すずき　りょうぞう）［第３章］

1975年，愛知県生まれ．東北大学大学院修了，文学博士．現在，日本医科大学非常勤講師．共著に『ヘーゲル講義録入門』（法政大学出版局，2016年），共訳にヴァルター・イェシュケ著『ヘーゲルハンドブック』（知泉書館，2016年），論文に「ヘーゲル哲学におけるオイディプス問題」（『ヘーゲル哲学研究』19号，2013年）．

中畑邦夫（なかはた　くにお）［終章］

1971年，千葉県生まれ．上智大学大学院修了，哲学博士．現在，上智大学非常勤講師．共著に『ヘーゲル講義録入門』（法政大学出版局，2016年）．論文に「ヘーゲルのソクラテス論――その悲劇性および喜劇性」（『麗澤学際ジャーナル』第22巻第１号，2014年），「ヘーゲル論理学における神の存在証明の意義」（『ヘーゲル哲学研究』第15号，2009年），「ヘーゲル論理学における「人格性」について――『大論理学』の実践的・倫理的な解釈可能性」（『倫理学年報』第52集，2003年）．

《著者紹介》（五十音順）

飯泉佑介（いいずみ　ゆうすけ）［第５章］

1984年，千葉県生まれ．東京大学大学院修了，哲学修士．現在，東京大学大学院博士課程在学．共訳にマルクス・ガブリエル，スラヴォイ・ジジェク著『神話・狂気・哄笑――ドイツ観念論における主体性』（堀之内出版，2015年），論文に「意識の経験の必然性と完璧性――ヘーゲル『精神現象学』の統体的構造について」（『ヘーゲル哲学研究』第23号，2017年）．

岡崎佑香（おかざき　ゆか）［第４章］

1982年，愛知県生まれ．一橋大学大学院修了，学術修士．現在，一橋大学大学院博士課程在学．共訳にマルクス・ガブリエル，スラヴォイ・ジジェク著『神話・狂気・哄笑――ドイツ観念論における主体性』（堀之内出版，2015年），論文に「ヘーゲルの自立性再考――ケア論の新展開に向けて」（日本女性学会編『女性学』第23号，2015年）．

岡崎　龍（おかざき　りゅう）［第２章］

1987年，バーモント州生まれ．一橋大学大学院修了，社会学修士．現在，フンボルト大学博士課程在学．共著に『ヘーゲル講義録入門』（法政大学出版局，2016年），共訳にオットー・ペゲラー編『ヘーゲル講義録研究』（法政大学出版局，2015年），マルクス・ガブリエル，スラヴォイ・ジジェク著『神話・狂気・哄笑――ドイツ観念論における主体性』（堀之内出版，2015年）．

小井沼広嗣（こいぬま　ひろつぐ）［第１章］

1979年，東京都生まれ．法政大学大学院修了，哲学修士．現在，法政大学非常勤講師．共著に『ヘーゲル講義録入門』（法政大学出版局，2016年），共訳にオットー・ペゲラー編『ヘーゲル講義録研究』（法政大学出版局，2015年），ロバート・B・ピピン著『ヘーゲルの実践哲学――人倫としての理性的行為者性』（法政大学出版局，2013年），論文に「ヘーゲルにおける意志論と衝動の陶冶――フィヒテとの対決を視軸として」（『倫理学年報』第65集，2016年）．

《編著者紹介》
寄 川 条 路（よりかわ　じょうじ）［序章］
1961年，福岡県生まれ．ボーフム大学大学院修了，文学博士．明治学院大学教授．単著に『新版　体系への道』（創土社，2010年），『ヘーゲル哲学入門』（ナカニシヤ出版，2009年），『ヘーゲル『精神現象学』を読む』（世界思想社，2004年），共著に寄川条路編『ヘーゲルと現代思想』（晃洋書房，2017年），寄川条路編『ヘーゲル講義録入門』（法政大学出版局，2016年）．共訳にオットー・ペゲラー編『ヘーゲル講義録研究』（法政大学出版局，2015年）．

ヘーゲルと現代社会

2018年3月30日　初版第1刷発行　　＊定価はカバーに表示してあります

編著者の了解により検印省略

編著者　寄　川　条　路©
発行者　植　田　　　実
印刷者　西　井　幾　雄

発行所　株式会社　晃　洋　書　房
〒615-0026　京都市右京区西院北矢掛町7番地
電話　075(312)0788番(代)
振替口座　01040-6-32280

カバーデザイン　㈱クオリアデザイン事務所　印刷・製本　㈱NPCコーポレーション
ISBN978-4-7710-3008-4